AF478607

PASSING THROUGH

JOE SCANLAN

KERBER

HERAUSGEGEBEN VO

PASSING THROUGH

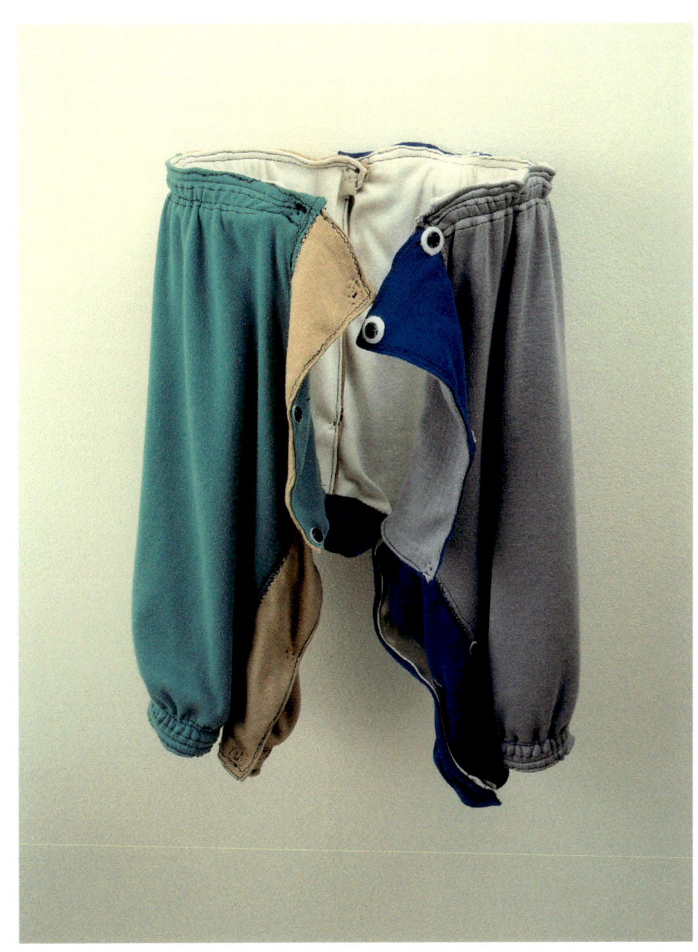

JULIAN HEYNEN K21 KUNSTSAMMLUNG NORDRHEIN-WESTFALEN

Eine Publikation von **K20K21 Kunstsammlung Nordrhein-Westfalen Düsseldorf 2007**

Dank

Am Zustandekommen des Projektes *Passing Through* waren zahlreiche Personen und Institutionen beteiligt, denen Joe Scanlan und K21 an dieser Stelle herzlich danken möchten.

Das Architektenteam Dirk Lüderwaldt und Josef Verhoff, Köln, hat zusammen mit dem Künstler den Pavillon entworfen und seine Produktion überwacht. Ausgeführt wurde er von der Zimmerei Stéphane Erulin, Köln. Leihgaben für die wechselnde Präsentation im Pavillon haben in großzügiger Weise Andre Goemine, Nazareth (B), Rudy Rommens, Antwerpen, sowie die Galerien Martin Janda, Wien, und Micheline Szwajcer, Antwerpen zur Verfügung gestellt. Darüber hinaus haben uns die Galerien Chez Valentin, Paris, und de Expeditie, Amsterdam, mit Rat und Tat zur Seite gestanden. Ania Wesek schließlich hat in enger Abstimmung mit dem Künstler den Katalog gestaltet. Darüber hinaus möchte Joe Scanlan Danielle Aubert, David Barthwell, Steve Lafreniere und Miko McGinty danken.

Ganz wesentlich zum Gelingen des Projektes hat M:AI, das Museum für Architektur und Ingenieurskunst NRW, beigetragen, indem es mit der Kunstsammlung eine Kooperation zur Realisierung des Projektes eingegangen ist. Wir möchten insbesondere Dr. Wolfgang Roters und Peter Ködderman danken.

Passing Through hat eine längere und wechselvolle Entstehungsgeschichte gehabt. Die Aufgabe, für den riesigen Raum unter der Kuppel von K21 ein sinnvolles künstlerisches Projekt zu entwickeln, war nicht einfach; mal fehlte es an Geld, mal an Zeit. Dafür, dass Joe Scanlan in all dieser Zeit weder den Mut noch gar seinen Humor verloren hat, sondern über alle Schwierigkeiten hinweg immer wieder auf die richtige Lösung zugesteuert ist, möchte ich mich von ganzem Herzen bei ihm bedanken. Es geht am Ende ja doch um viel mehr als Dein Understatement im Interview dieses Kataloges andeutet: » ... I just work.«

Acknowledgements

Many people and institutions were part of the project Passing Through *whom Joe Scanlan and K21 would like to thank here.*
The architectural team of Dirk Lüderwaldt and Josef Verhoff, Cologne, have designed the pavilion in cooperation with the artist and supervised it's production. It has been built by the carpenter Stéphane Erulin, Cologne. Works of loan by the artist have been guaranteed gratefully by Andre Goemine, Nazareth (B), Rudy Rommens, Antwerp, as well as by the galleries Martin Janda, Vienna and Micheline Szwajcer, Antwerp. We also acknowledge the great support by the galleries Chez Valentin, Paris and de Expeditie, Amsterdam. Finally Ania Wesek designed the catalogue in close cooperation with the artist. Furthermore Joe Scanlan would like to thank Danielle Aubert, David Barthwell, Steve Lafreniere and Miko McGinty for their personel support.
The cooperation with M:AI, the Museum for Architecture and Art of Engineering Northrhine-Westfalia, has been very substantial for the realisation of this project. We would like to thank Dr. Wolfgang Roters and Peter Ködderman in particular.
Passing Through *has had a long term and eventful history. The challenge to create a meaningful, substantial artwork under this huge glass vault has never been easy: sometimes there were lacks of money, other times there were lacks of time. My warmest thanks go to the artist. During this whole period of time, Joe Scanlan neither lost his faith in the project nor his humour and sailed through troubled water to a genuine solution. In the end, Joe, it is certainly more than your understatement in the interview of the catalogue indicates: »...I just work.«.*

J. H.

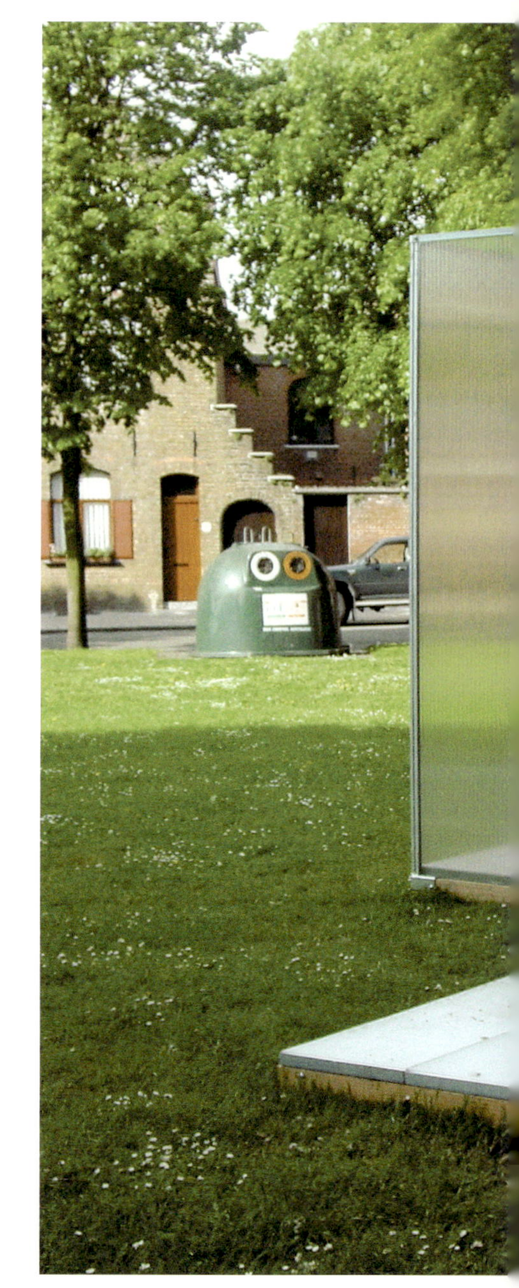

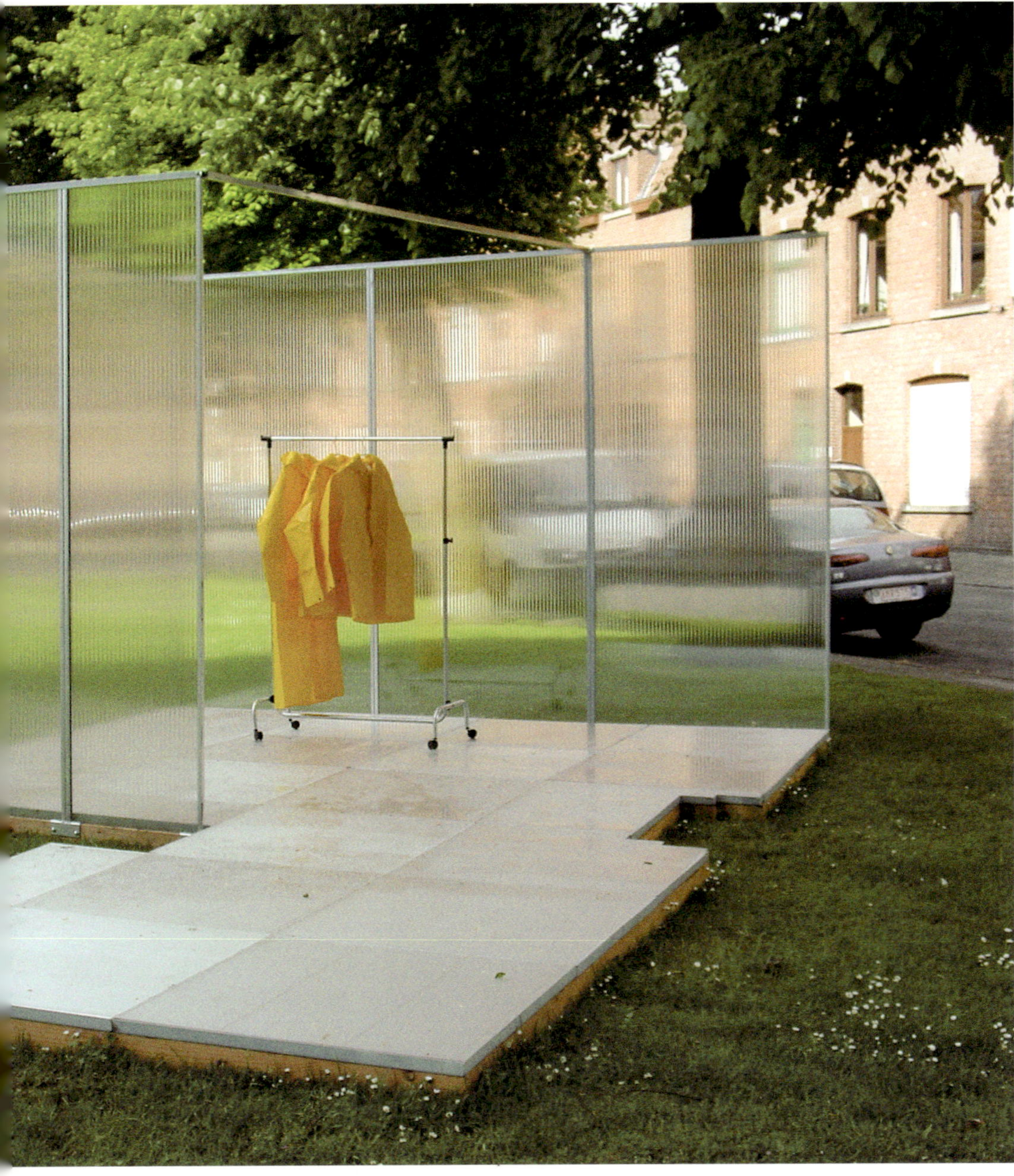

Store A (Bruges), 2002, Plastik, Holz, Metall, Kleiderständer, Regenmantel. Ausstellungsansicht, Werfplein, Brügge, 200 x 450 x 250 cm

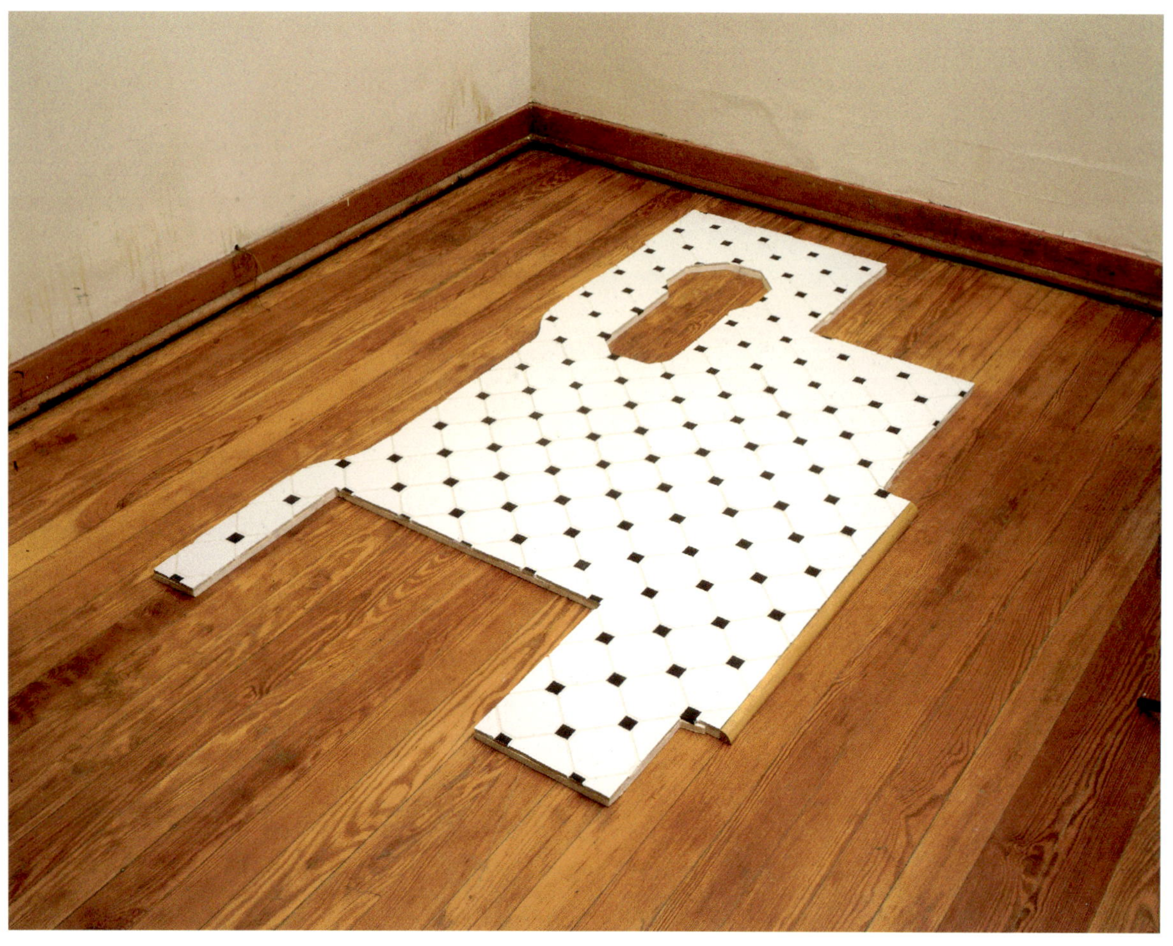

Bathroom Floor, 1991, Keramische Fliesen, Klebstoff, Fugenspachtel, Holzbrett, 87 x 162 x 2 cm

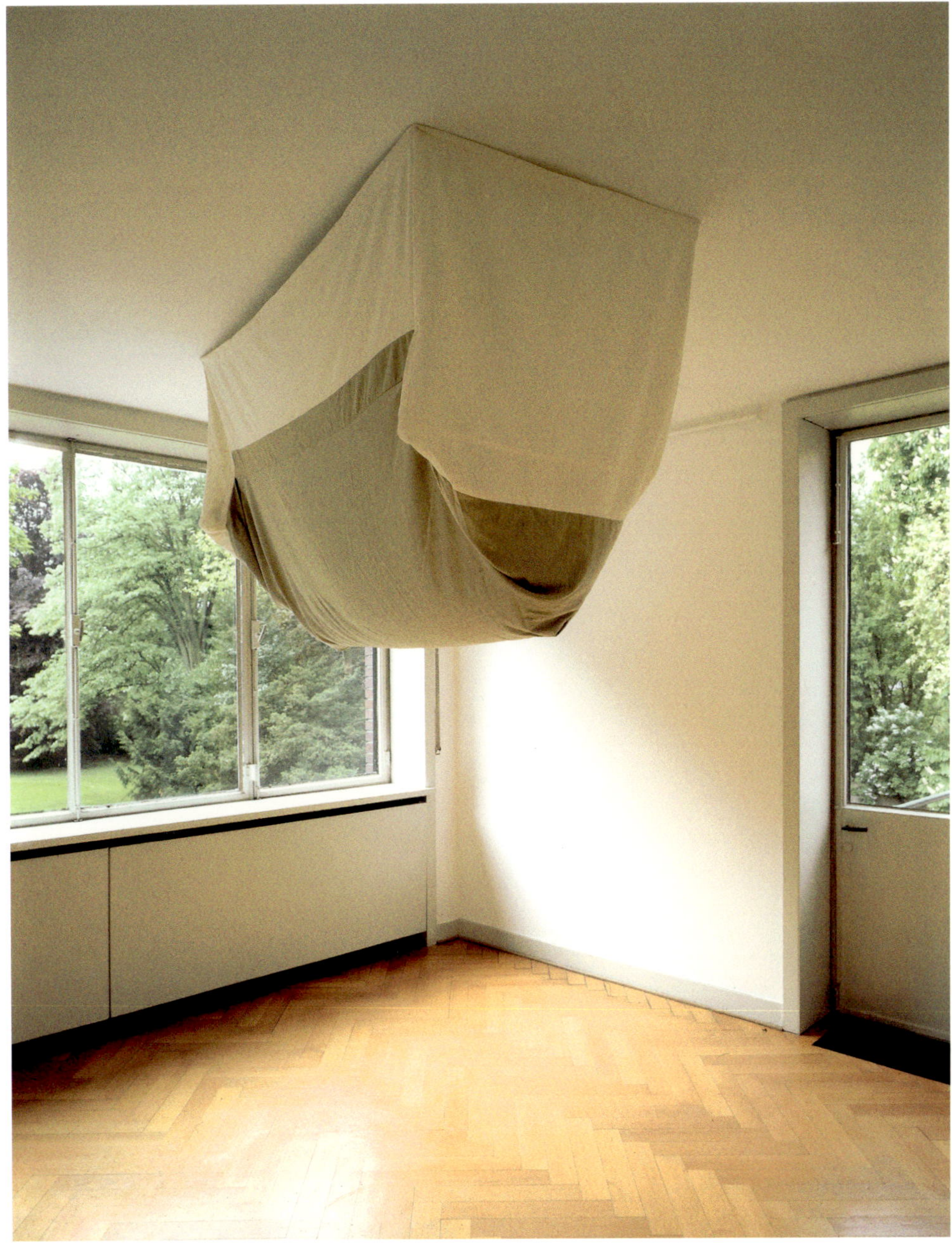

Slipcover (removed), 1992, Baumwolle, Kunstseide, Klettband, Holzrahmen. Ausstellungsansicht, Museum Haus Lange, Krefeld, 90 x 138 x 55 cm

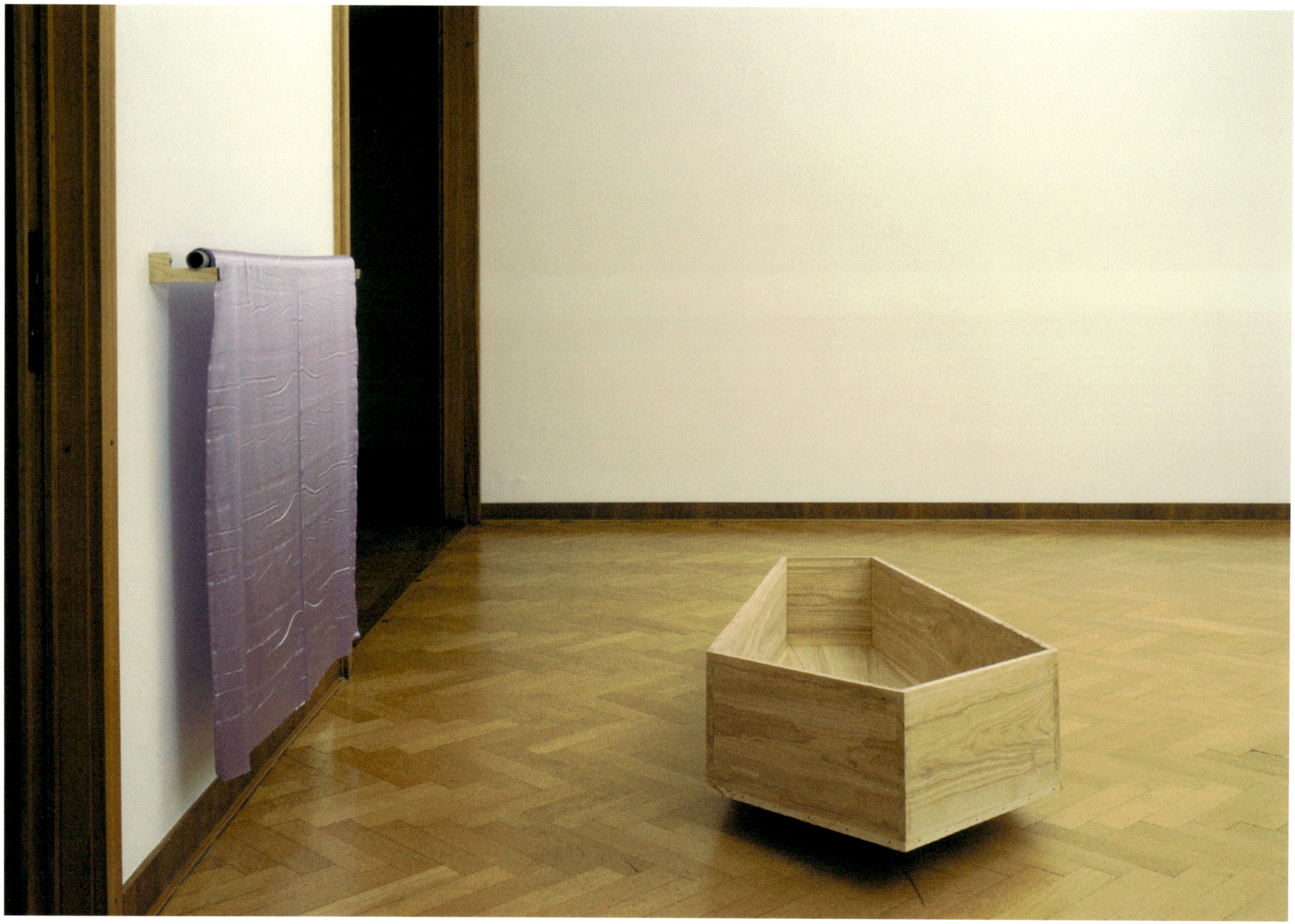

Debut de Sciécle, 1997, Holz, Holzleim, Schrauben, Schellack, Stoff, Plastikröhre. Ausstellungsansicht, Museum Haus Esters, Krefeld

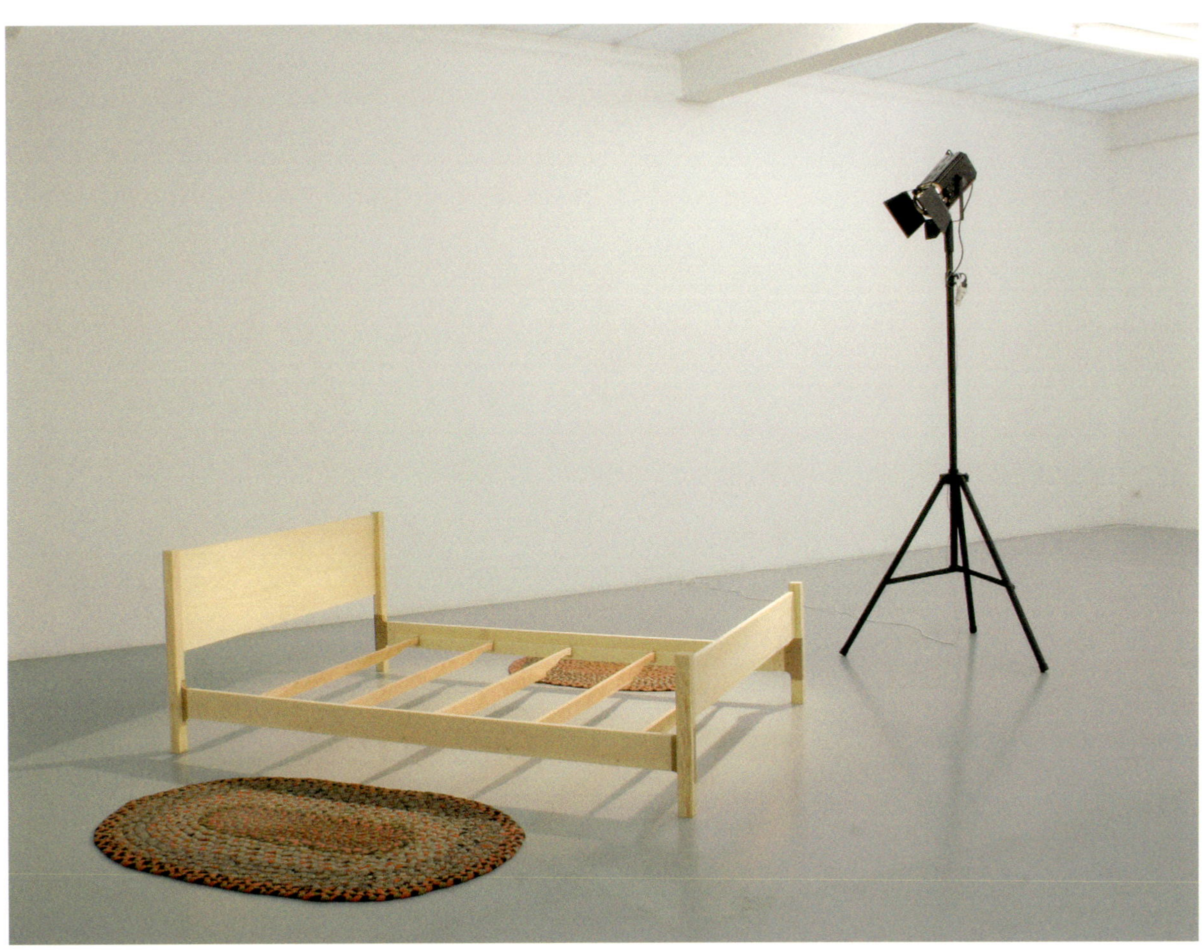

Massachusetts Wedding Bed, 2005, Holz, Metallteile, umkettelter Teppich, Atelierlampe, Doppelbett. Installation variabel

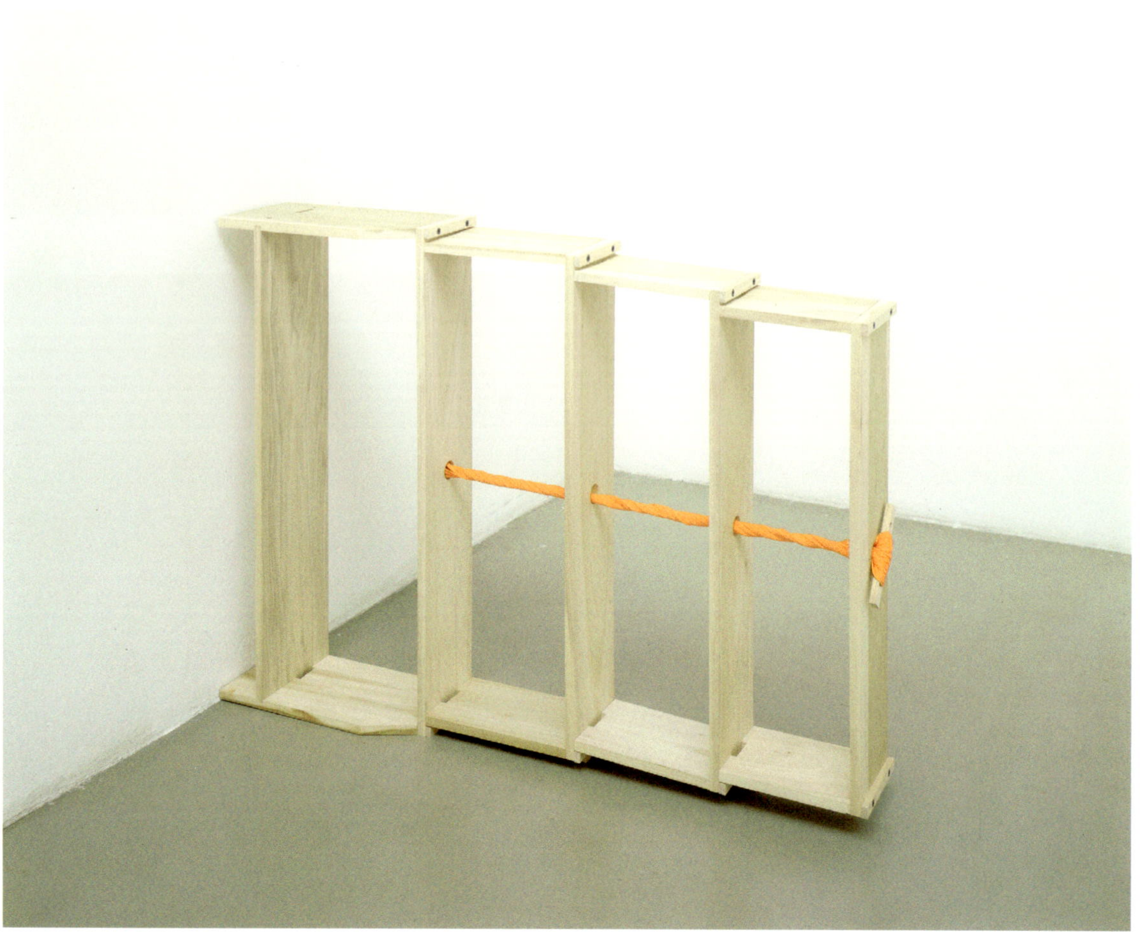

Nesting Bookcase, 1995, Holz, Wachs, Stoff, Schrauben, 105 x 136 x 21 cm

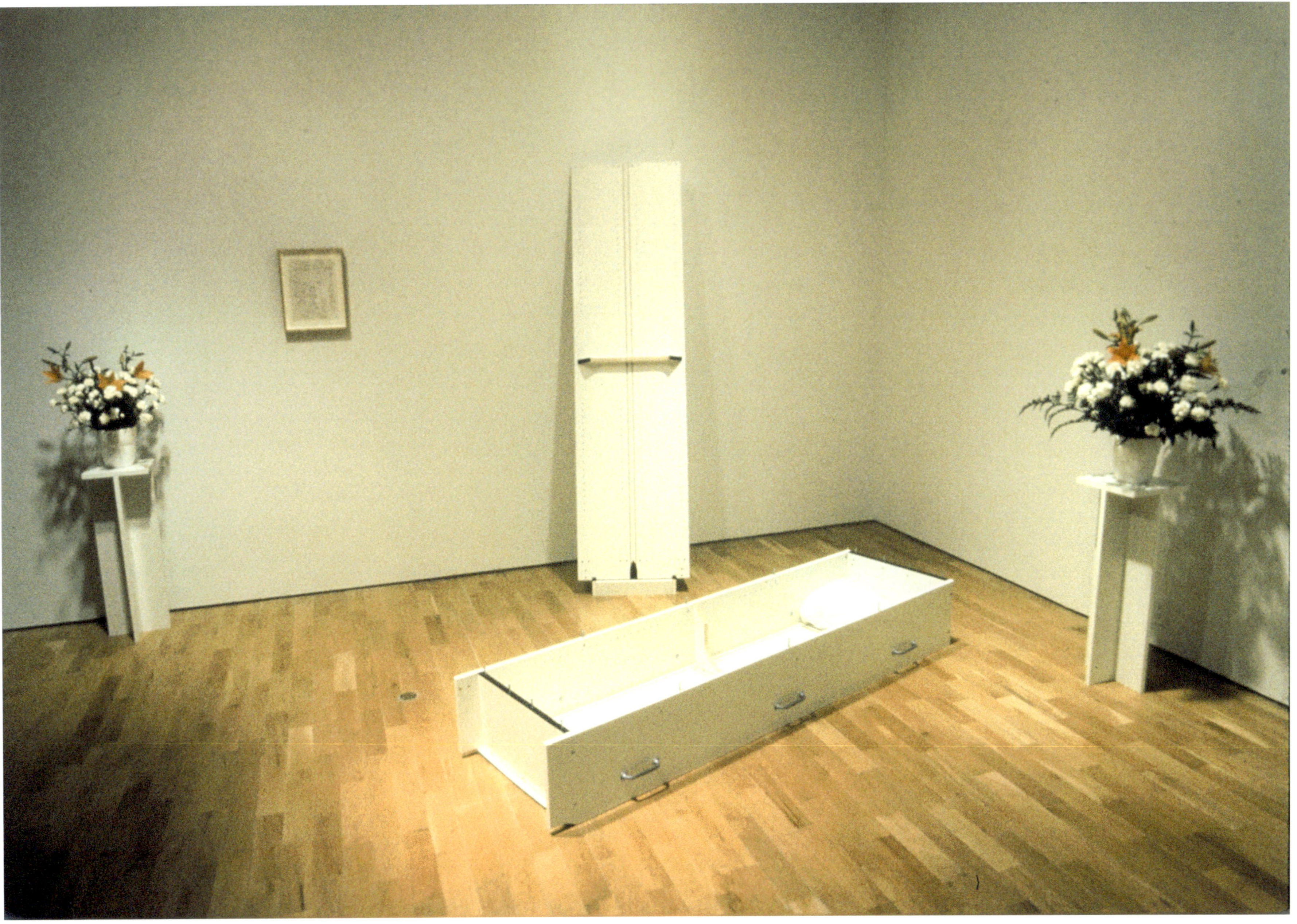

DIY, 2006, Regalteile, Melamin, Masonit, Gussaluminium, Plastikummantelter Stahl, Baumwolle, Polyester, Schrauben, Druckfarbe auf Papier. Ausstellungsansicht, Art Gallery of Ontario, Toronto

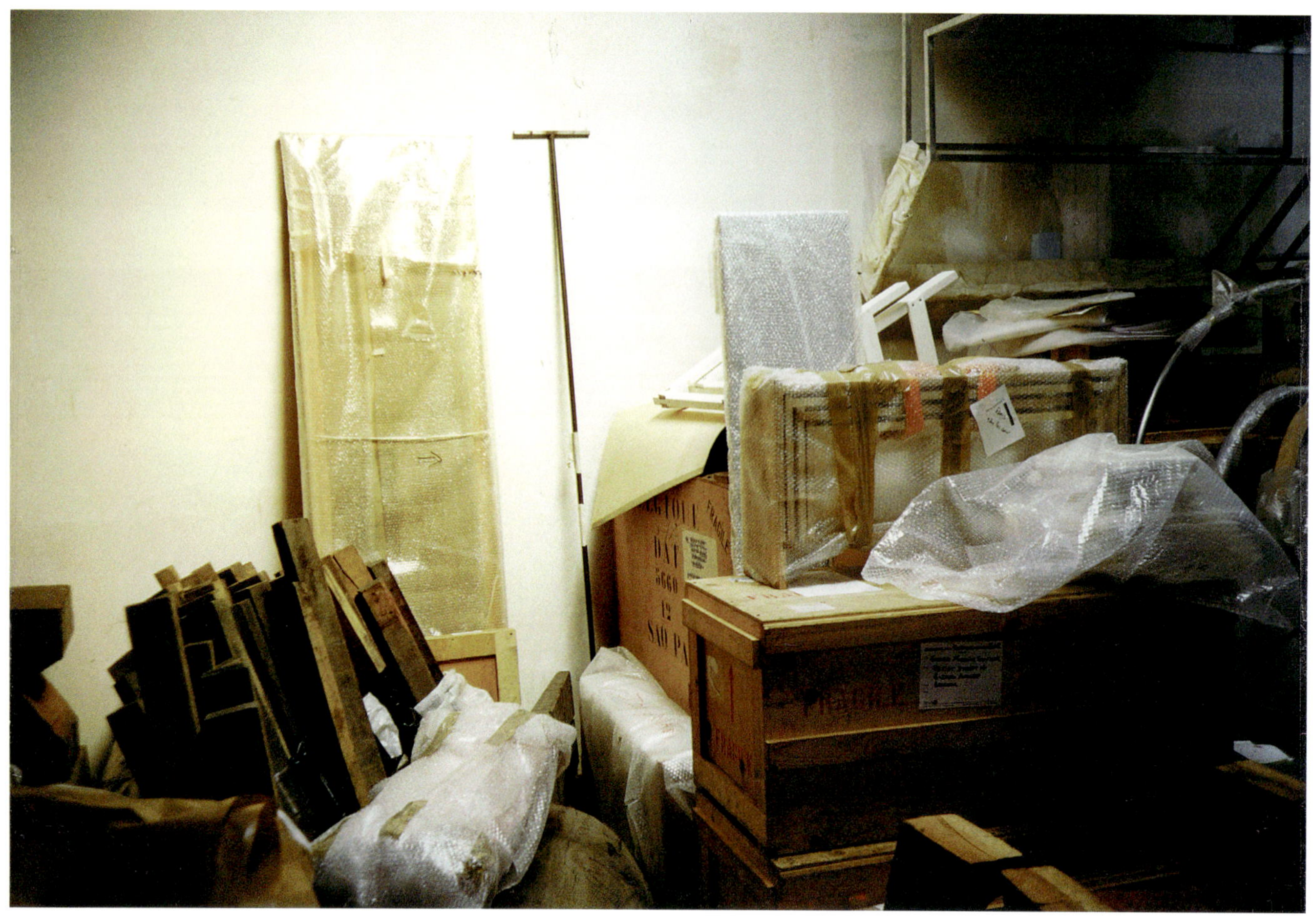

Some Scenarios of A Free-market Economy Constantly Adapting to the Needs of Its Audience (detail), 1995 – 2005, Farbfotografie, Holz, Stoff, Plastik, Metall

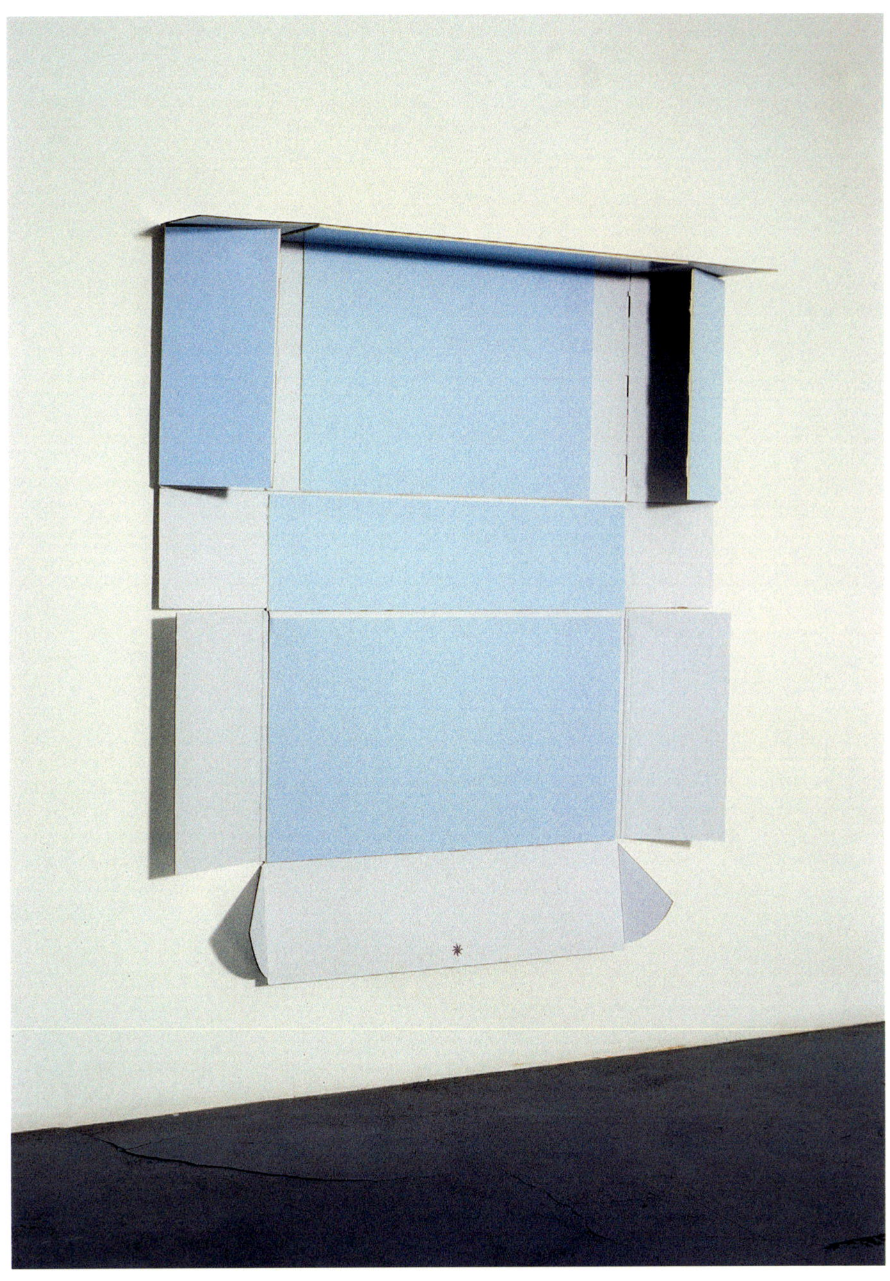

Shipping Carton, 1998, Farbfotografie, säurefreie Pappe, Siebdruckfarbe, beschichtete Schaumstoffplatte, Klettband, 212 x 220 cm

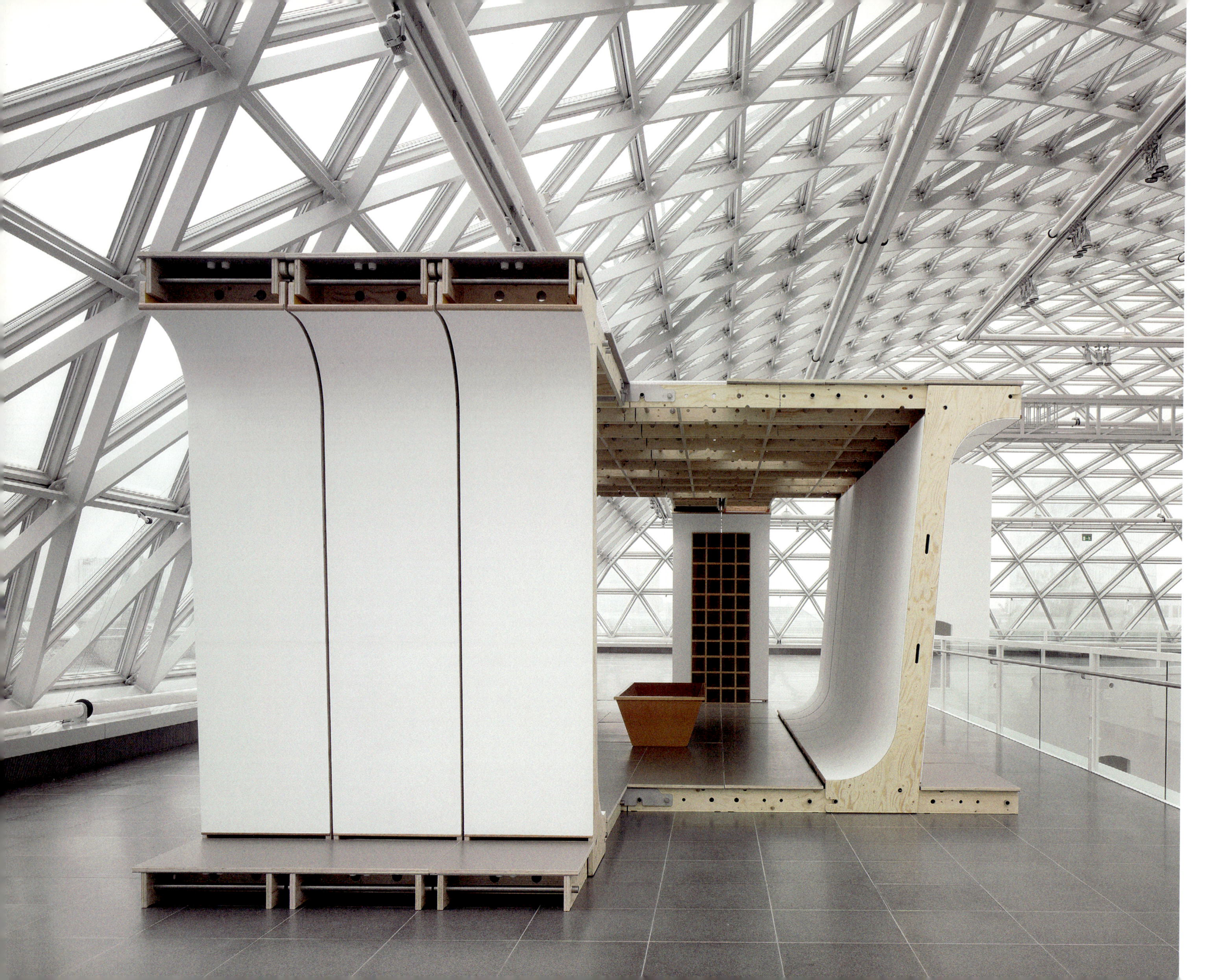

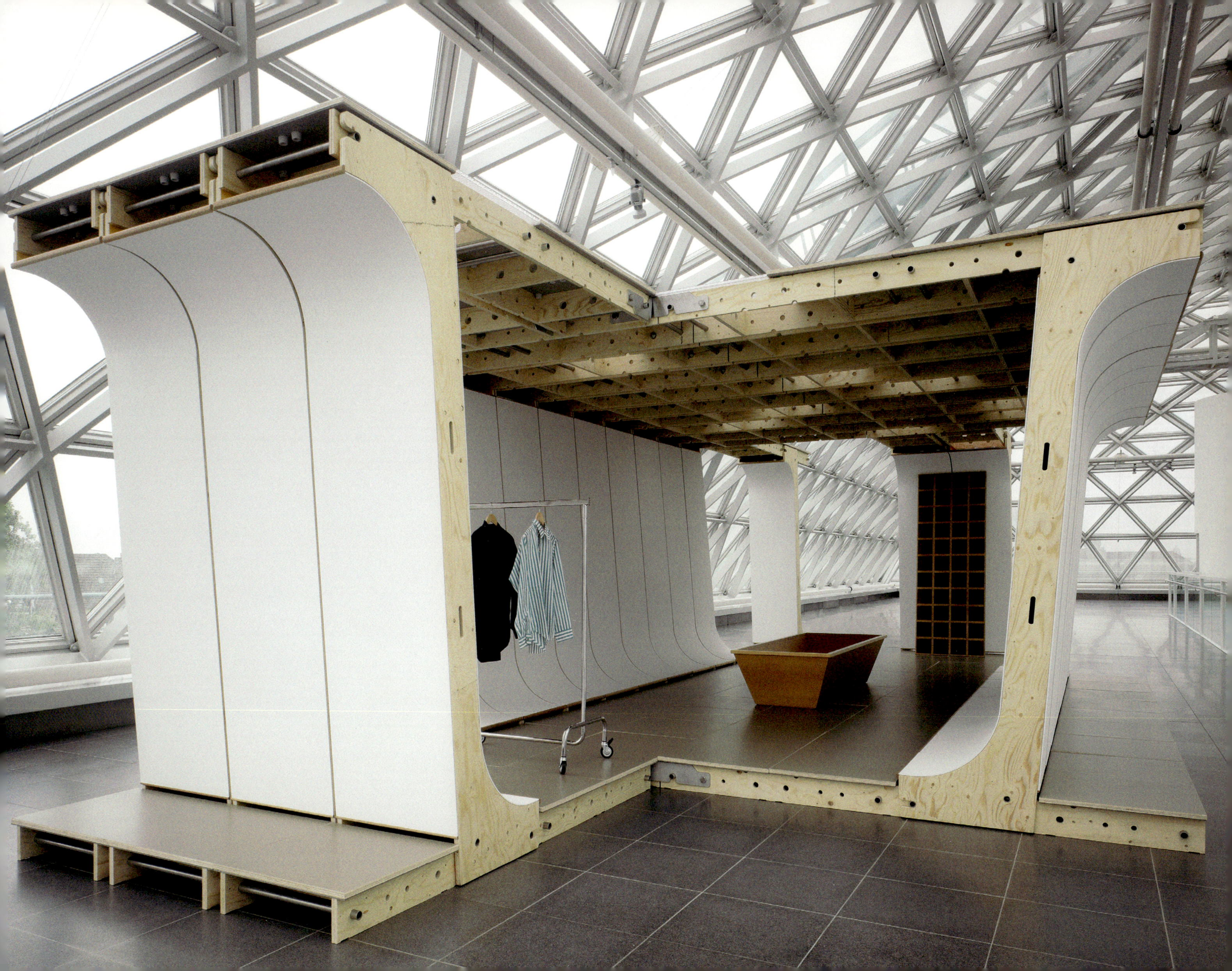

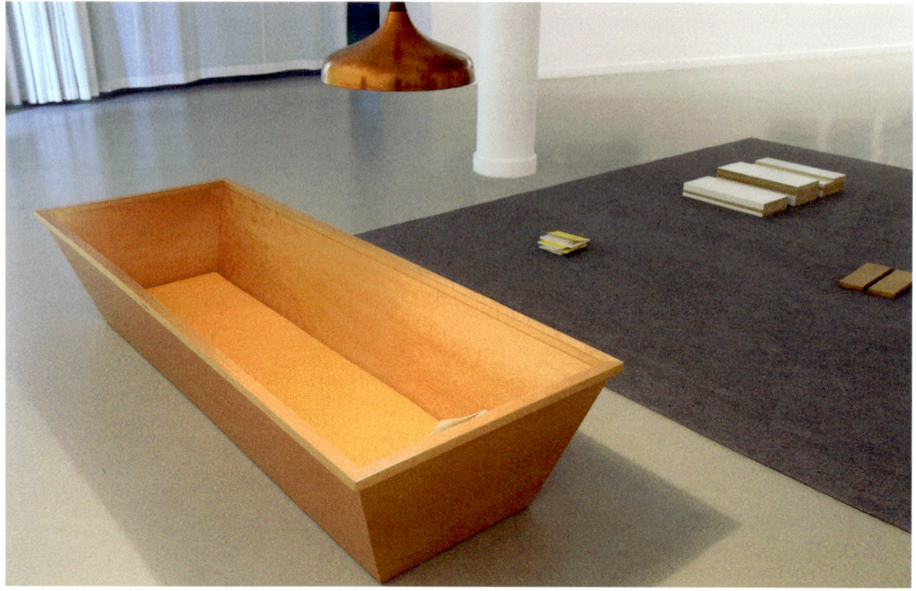

Daybed, 2000, MDF, Buche Funier, Tropenholz Inlay, Popeline, Schaumstoff. Ausstellungsansicht, Museum van Hedendaagse Kunst Atwerpen, 233 x 84 x 45 cm

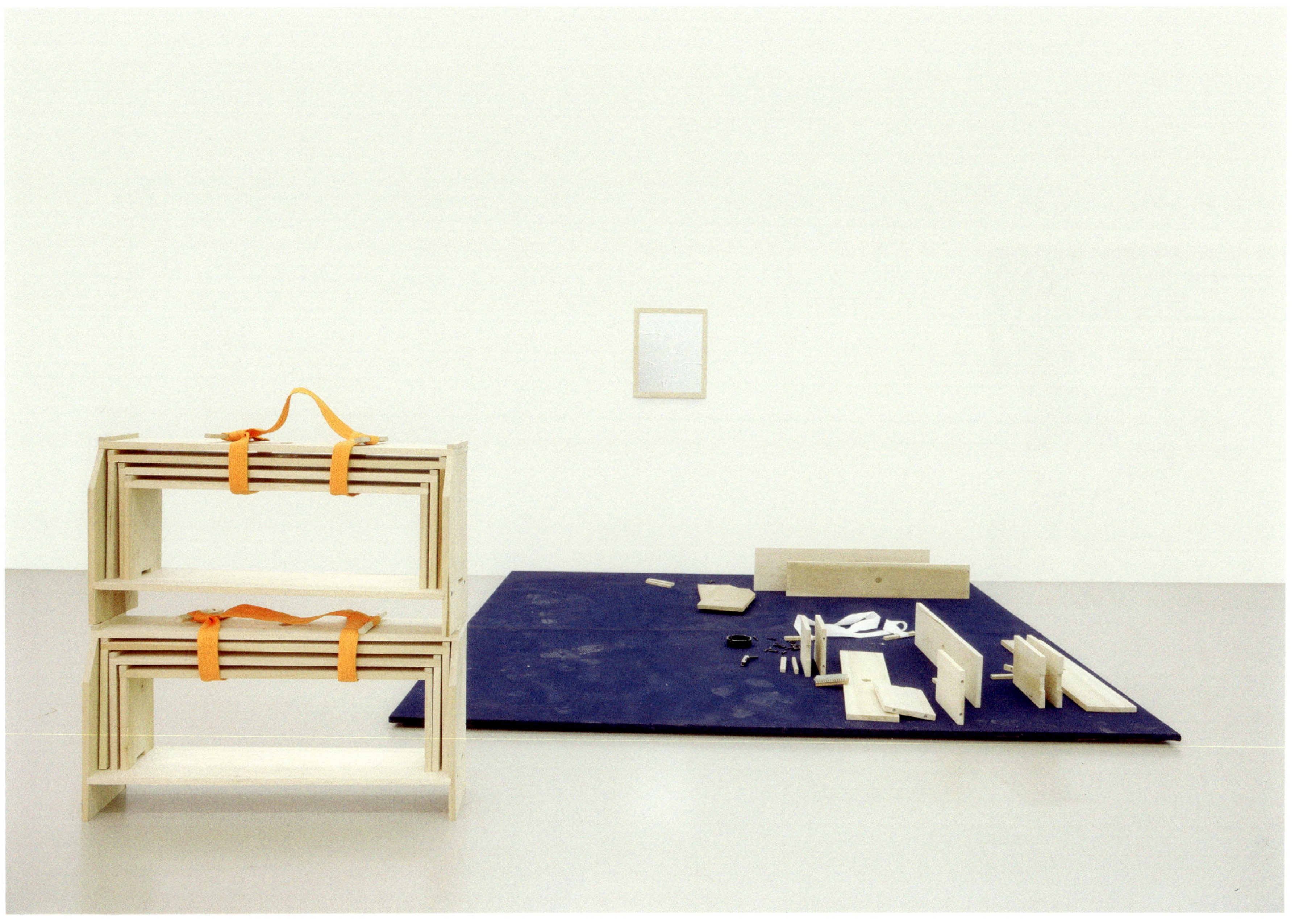

Free Assembly, 1995, Holz, Wachs, Stoff, Schrauben, Metallzubehör, MDF, Aluminiumfolie, Glas. Ausstellungsansicht, Institut d'Arte Contemporain, Villeurbanne

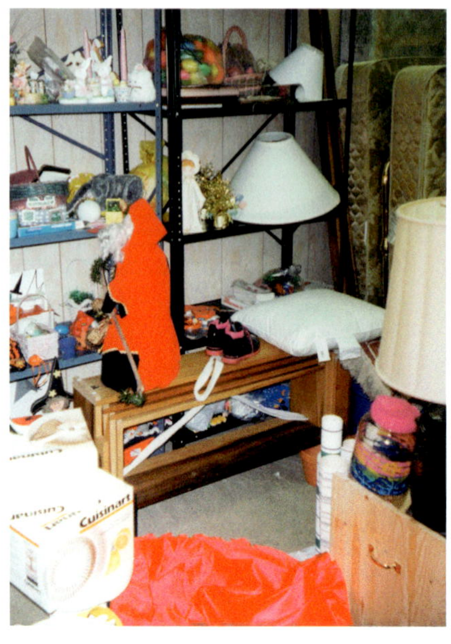

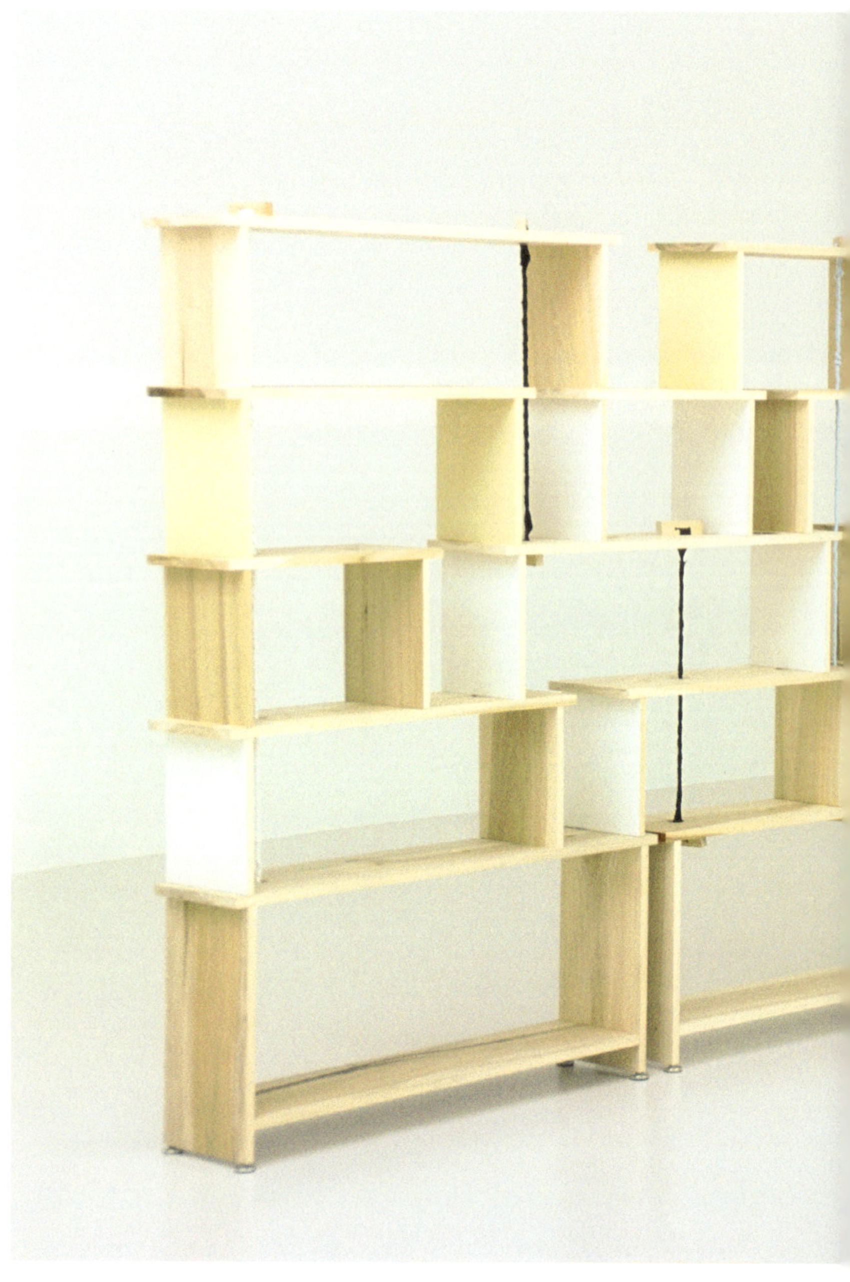

rechts und links aussen: **Some Scenarios of A Free-market Economy Constantly Adapting to the Needs of Its Audience (detail)**, 1995 – 2005, Farbfotografie, Holz, Stoff, Plastik, Metal

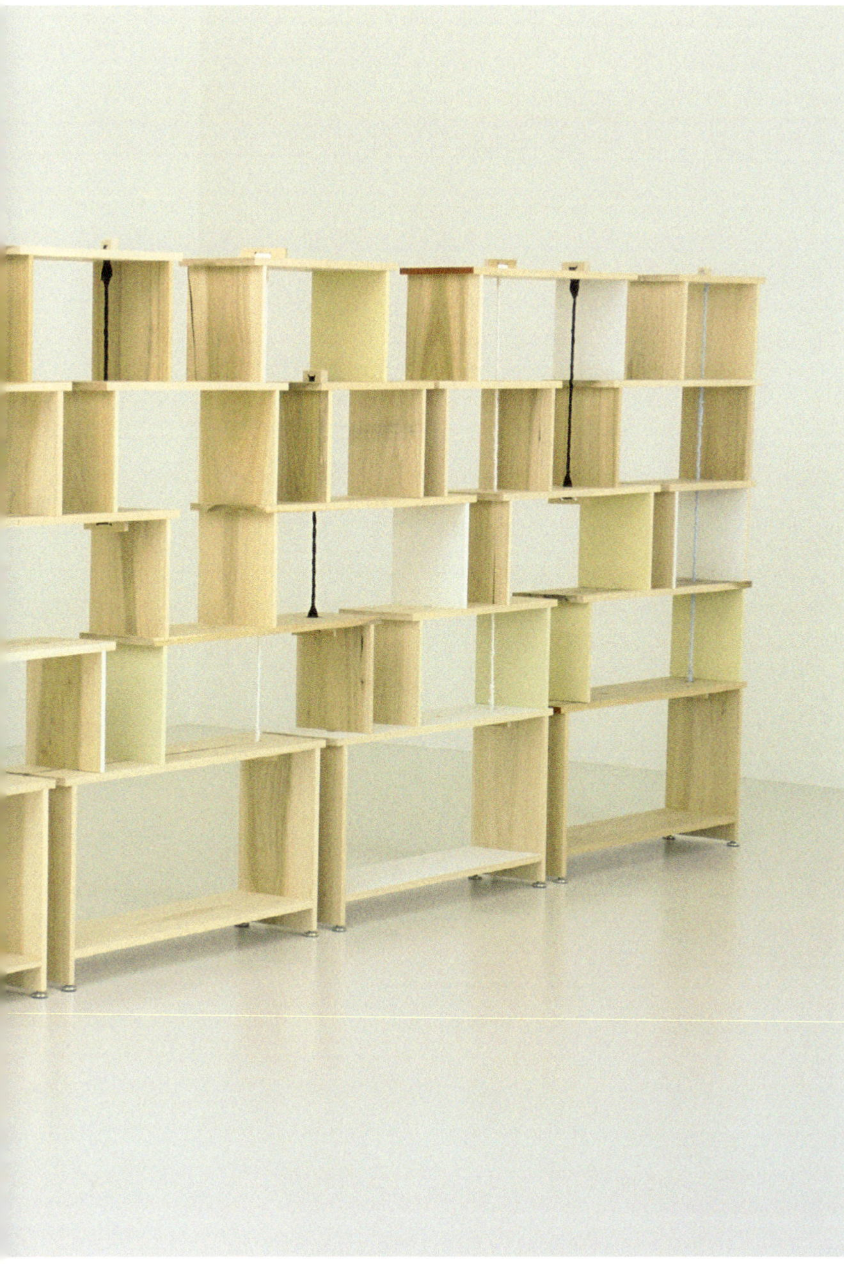

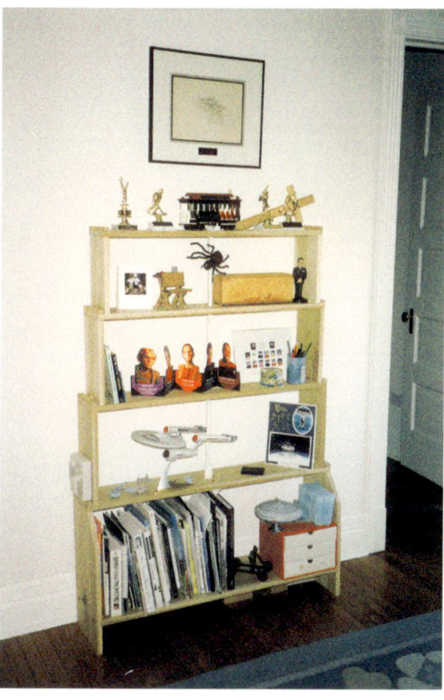

Charlotte's Web, 1999, Holz, Wachs, Latexfarbe, Stoff, Metallzubehör, 165 x 495 x 21 cm

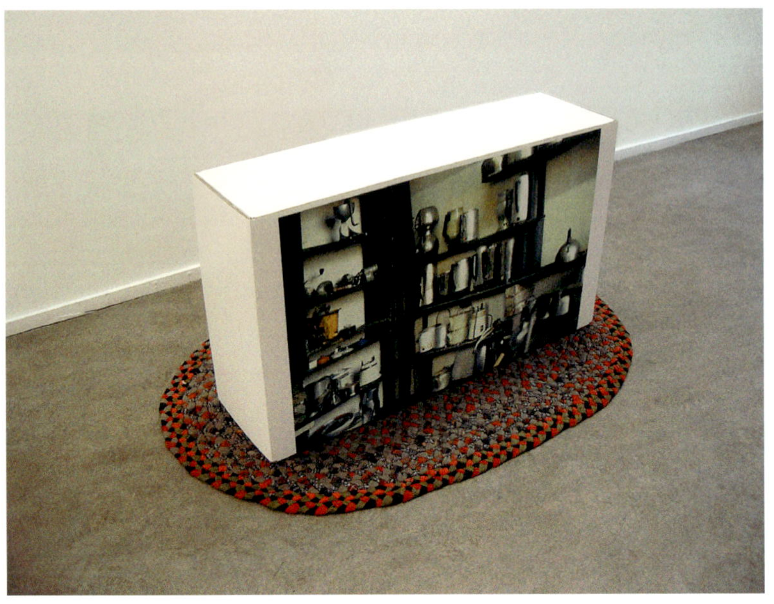

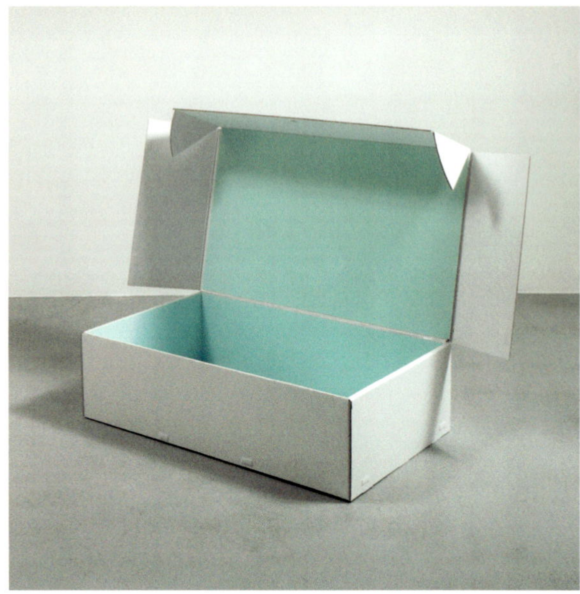

Shipping Cartons, 1998, Farbfotografie, Pappe, Siebdruckfarbe, beschichtete Schaumstoffplatte, Klettband, 54 x 110 x 28 cm

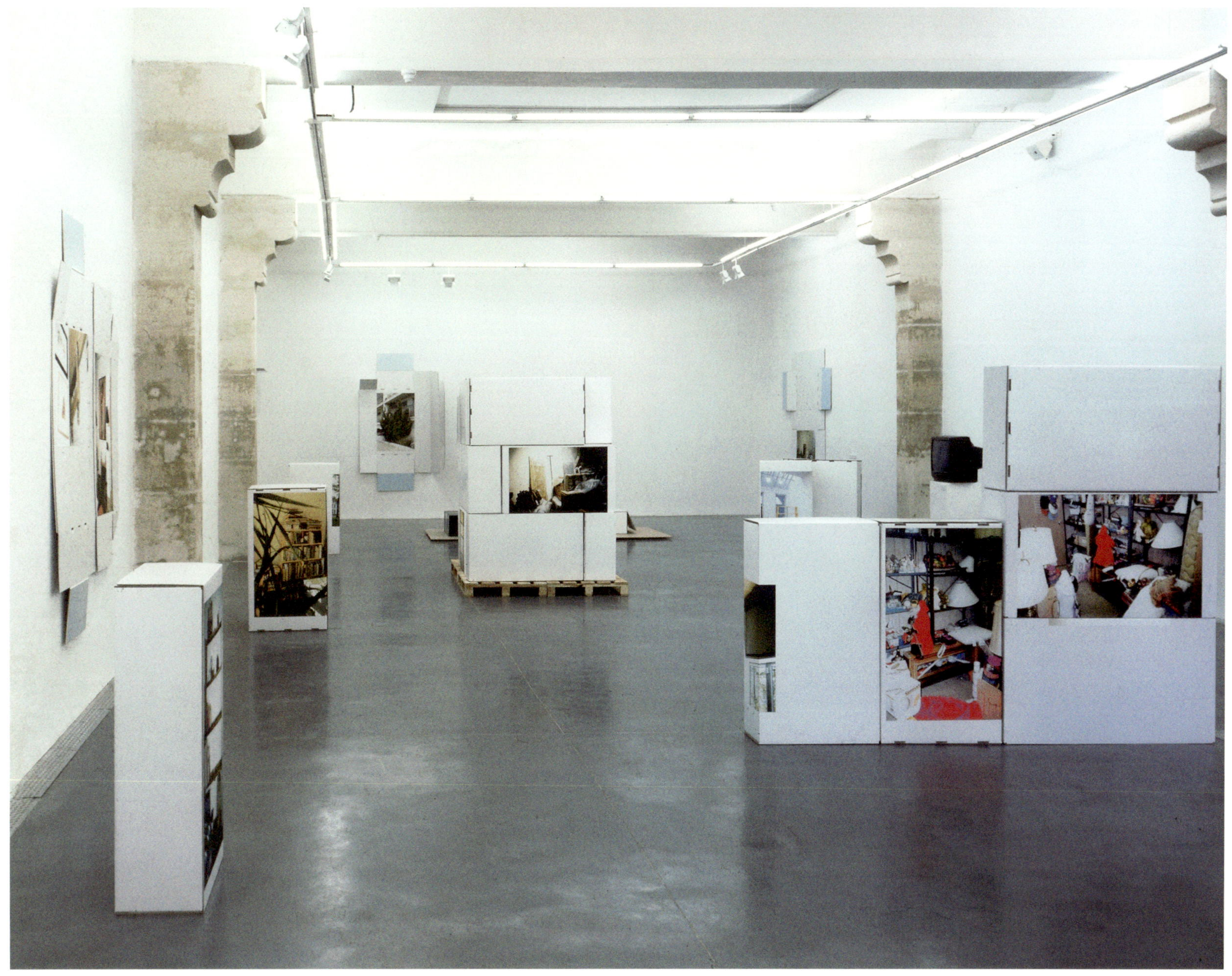

Shipping Cartons, 1998. Ausstellungsansicht, FRAC, Languedoc-Roussillon, Montepellier

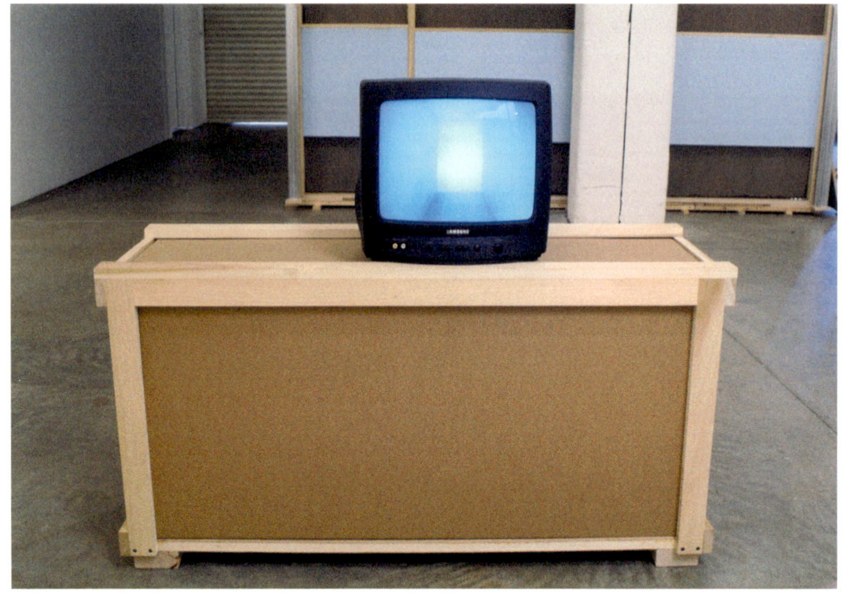

Global Audio-Video Chamber, 2001, Pappe, Styropor, Holz, Schrauben, kabellose Audio-Video-Kamera, Monitor, 90 x 110 x 35 cm

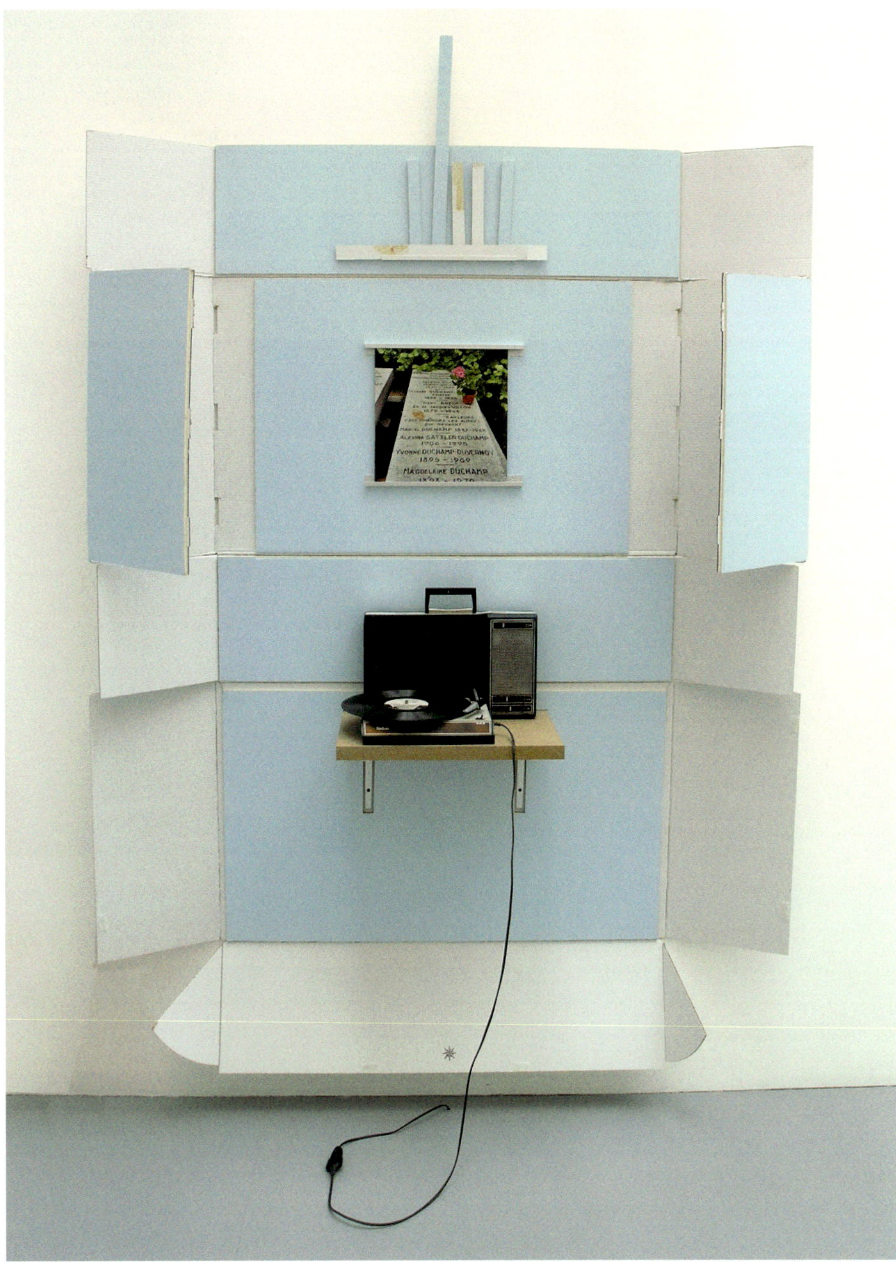

Hommage à Eric Troncy, 2005, Farbfotografie, säurefreie Pappe, Siebdruckfarbe, beschichtete Schaumstoffplatte, Klettband, transportabler Schallplattenspieler, Schallplatte, 220 x 160 cm

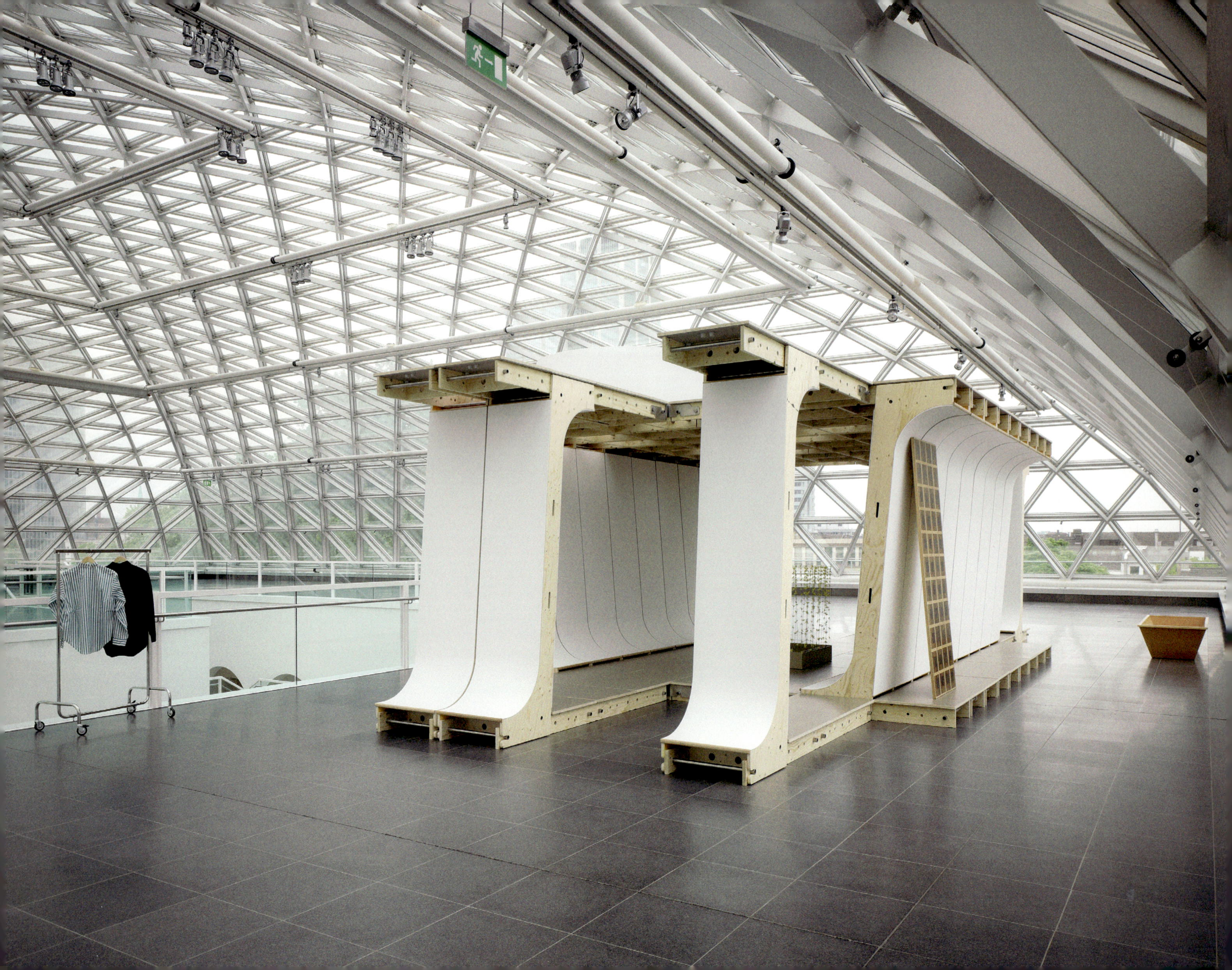

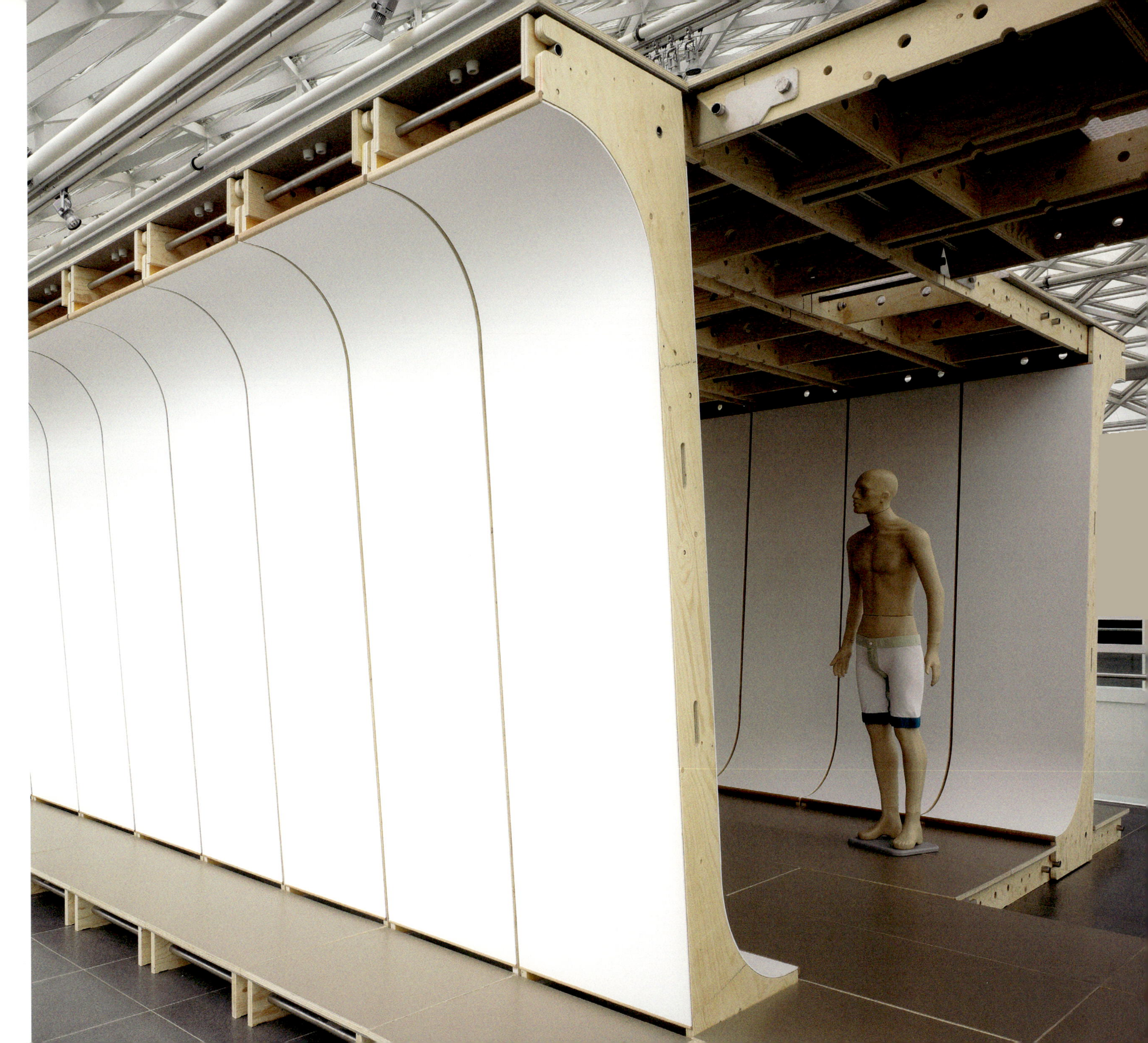

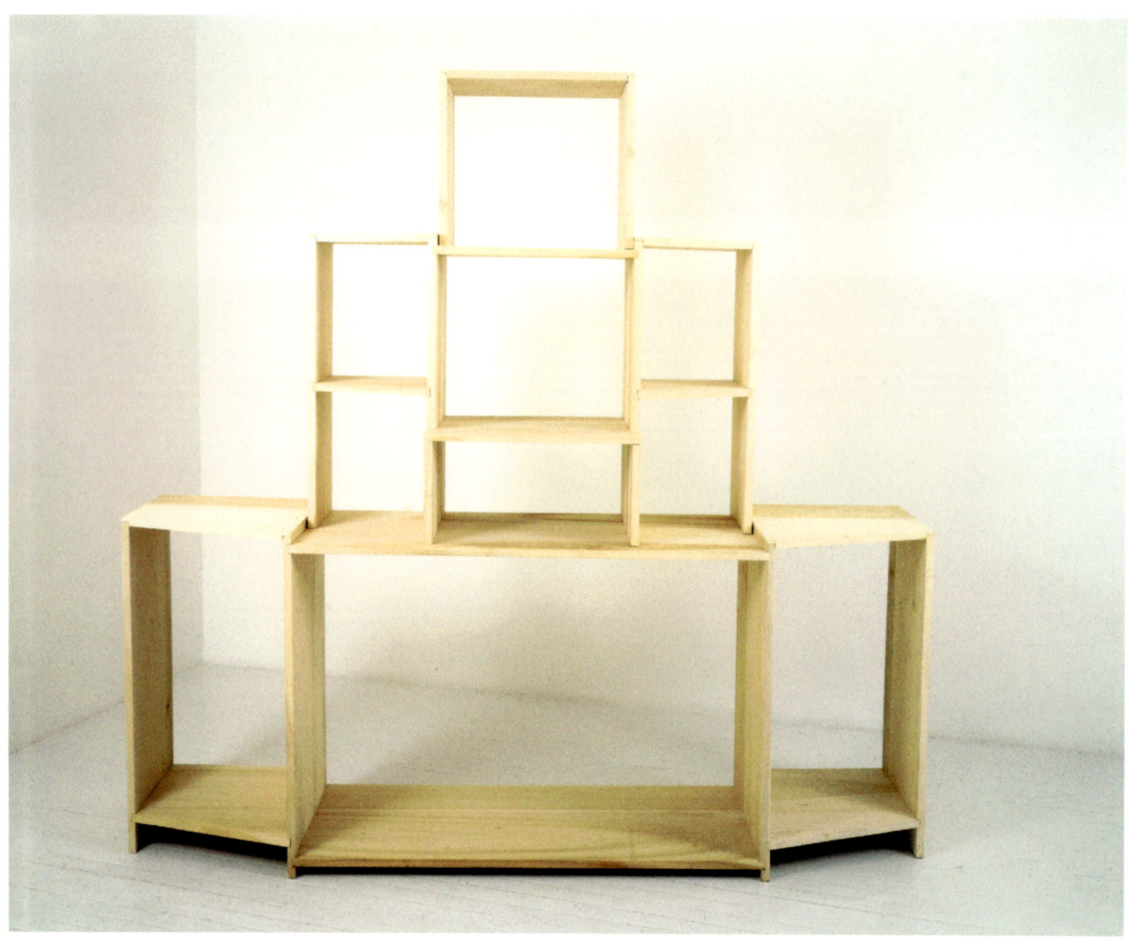

Entertainment Center, 1990, Holz, Schrauben, 155 x 180 cm x 35 cm

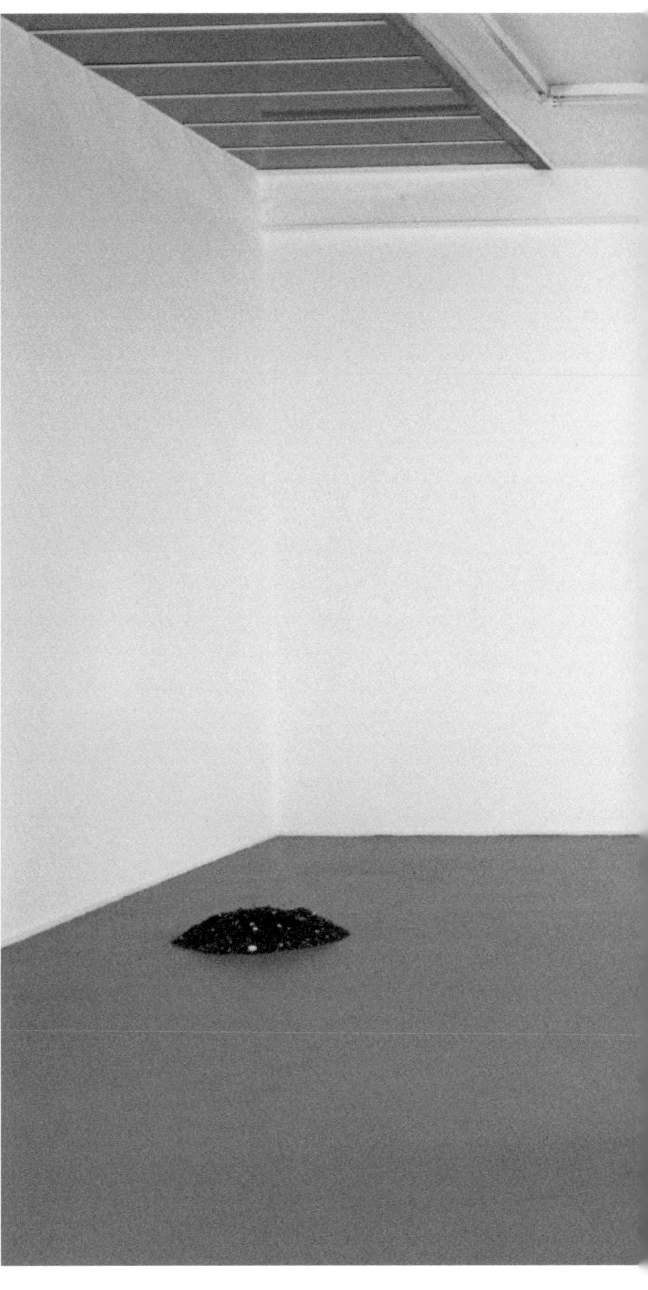

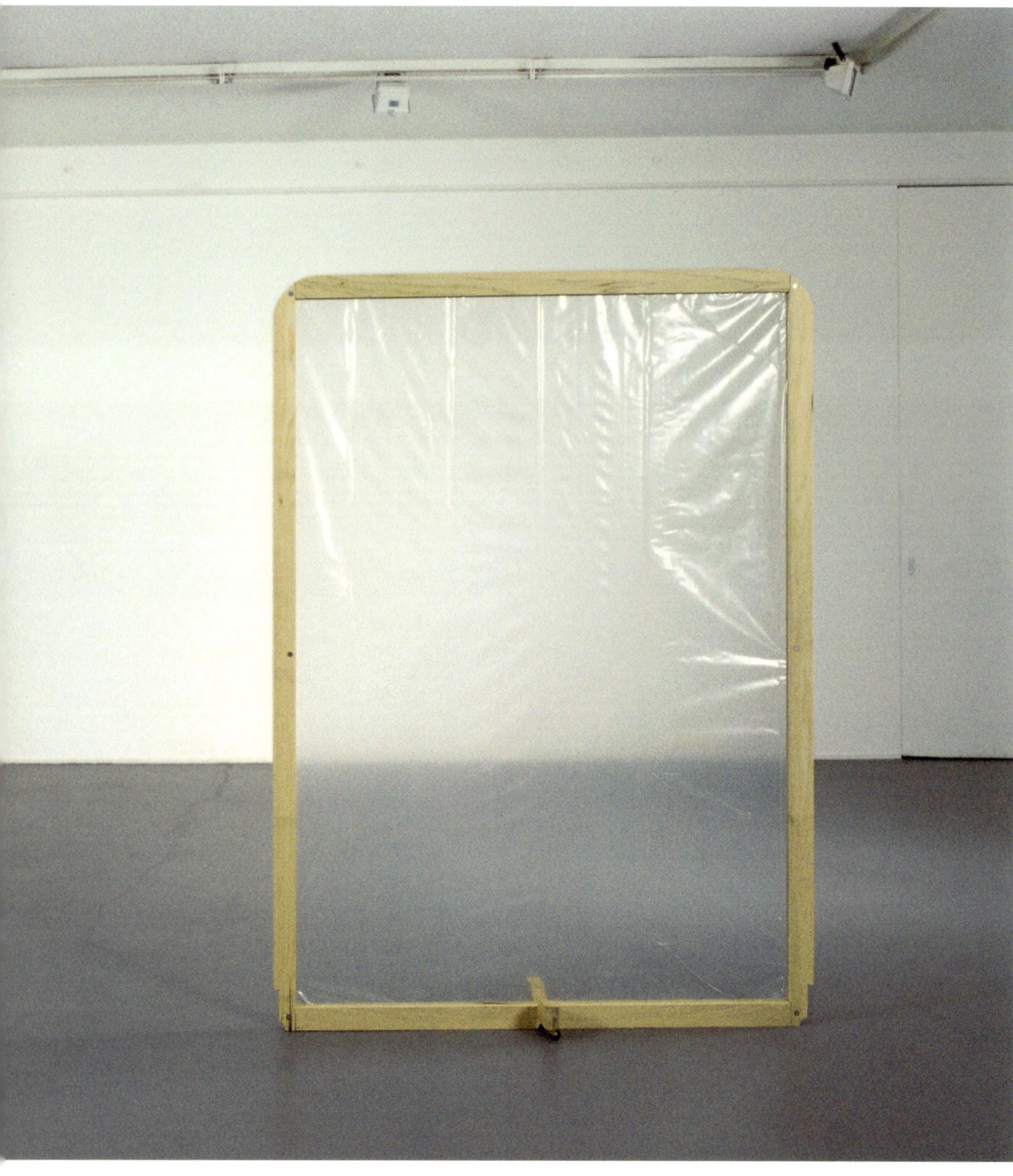

Dust Diaphragm, 1994, Holz, Plastikplane, Rollen. Ausstellungsansicht, Galerie Micheline Szwajcer, Antwerpen, 204 x 138 x 29 cm

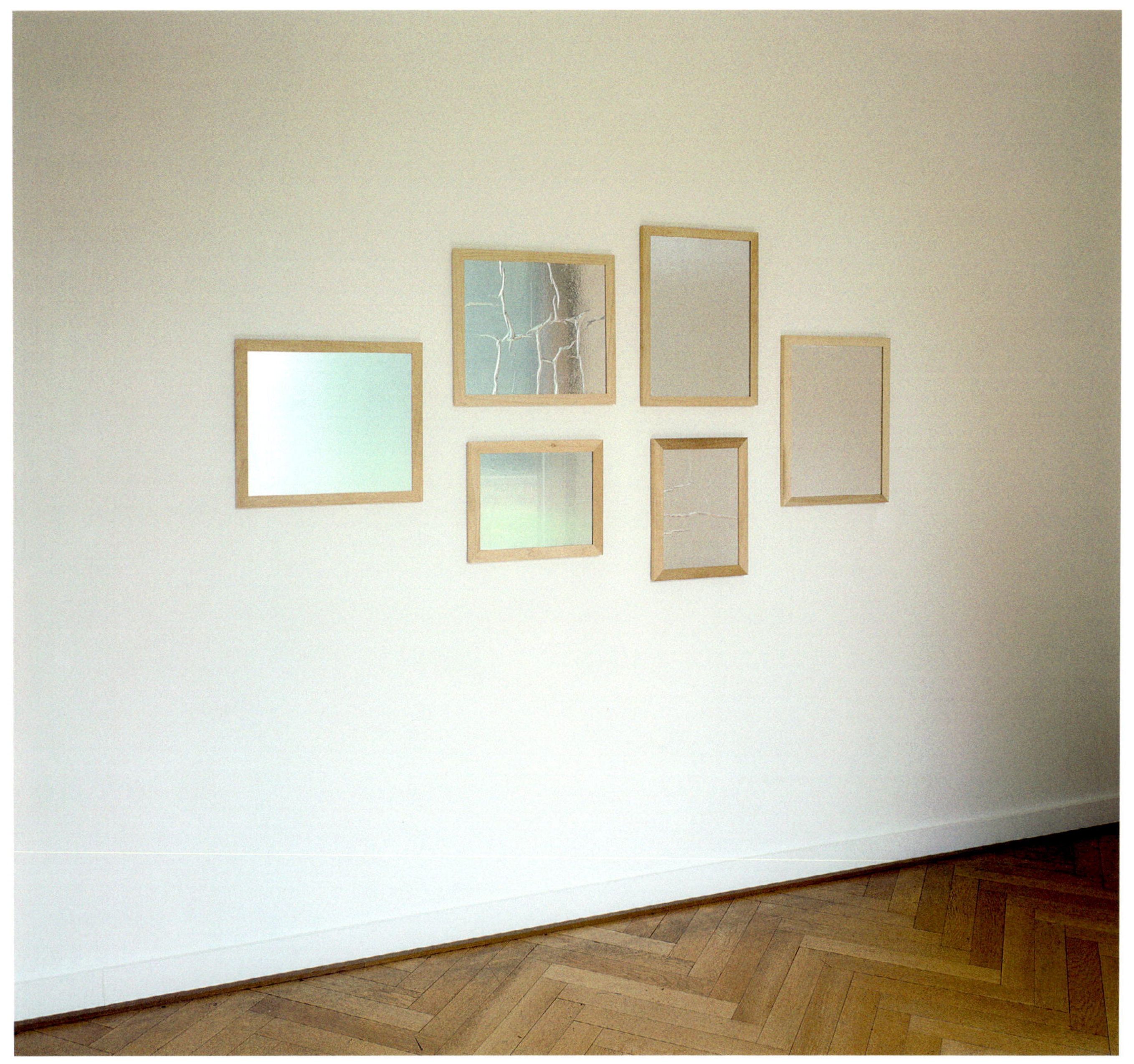

Mirrors, 1996, Aluminiumfolie, Glas, Holz. Ausstellungsansicht, Museum Haus Lange, Krefeld

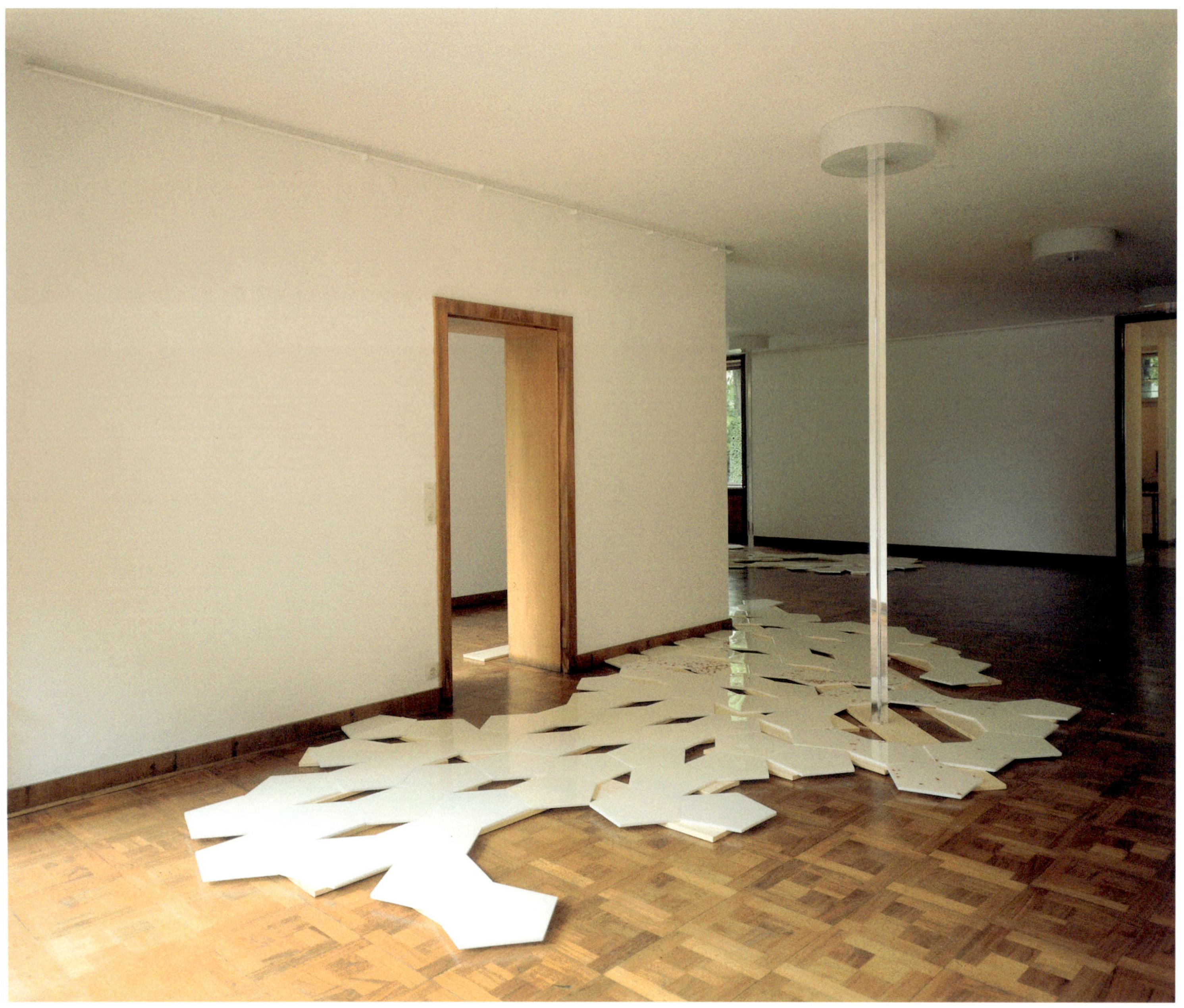

Numerous Incidents, 1996, Stranggepresstes Aluminium, Stylit, Harz, Geranienblatt. Ausstellungsansicht, Museum Haus Lange, Krefeld

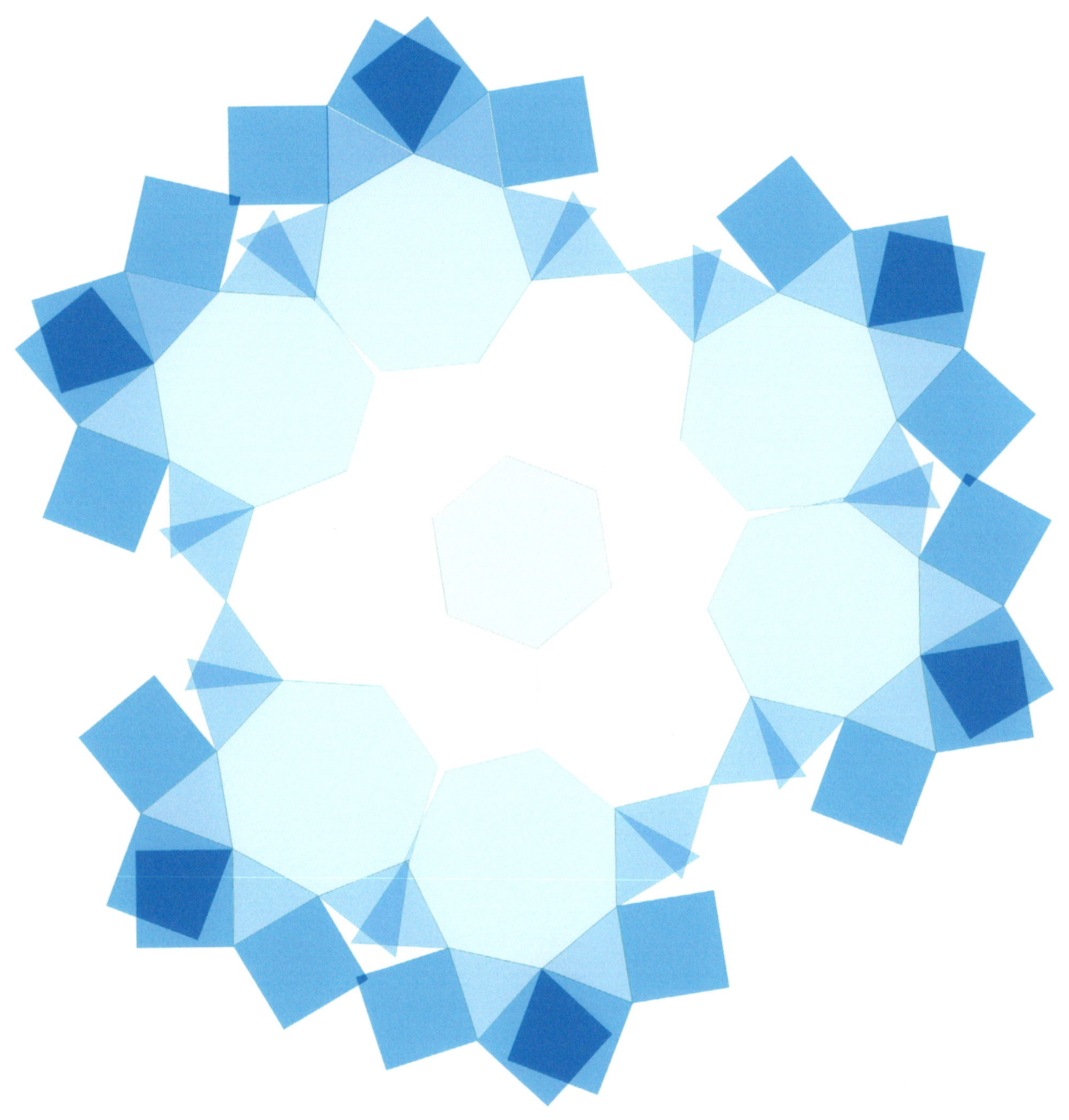

Snowflake #67734, 2007, Digitale Datei

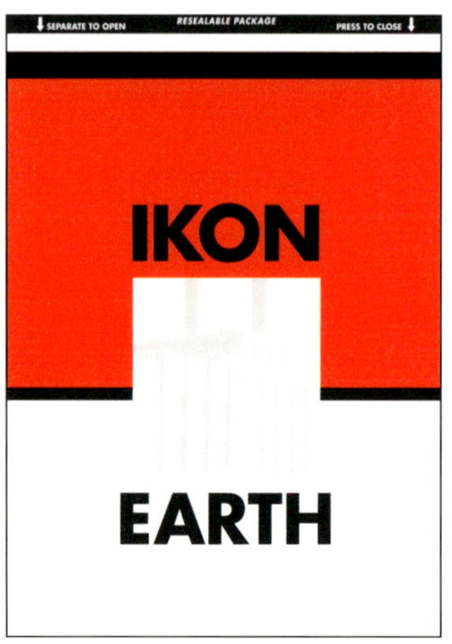

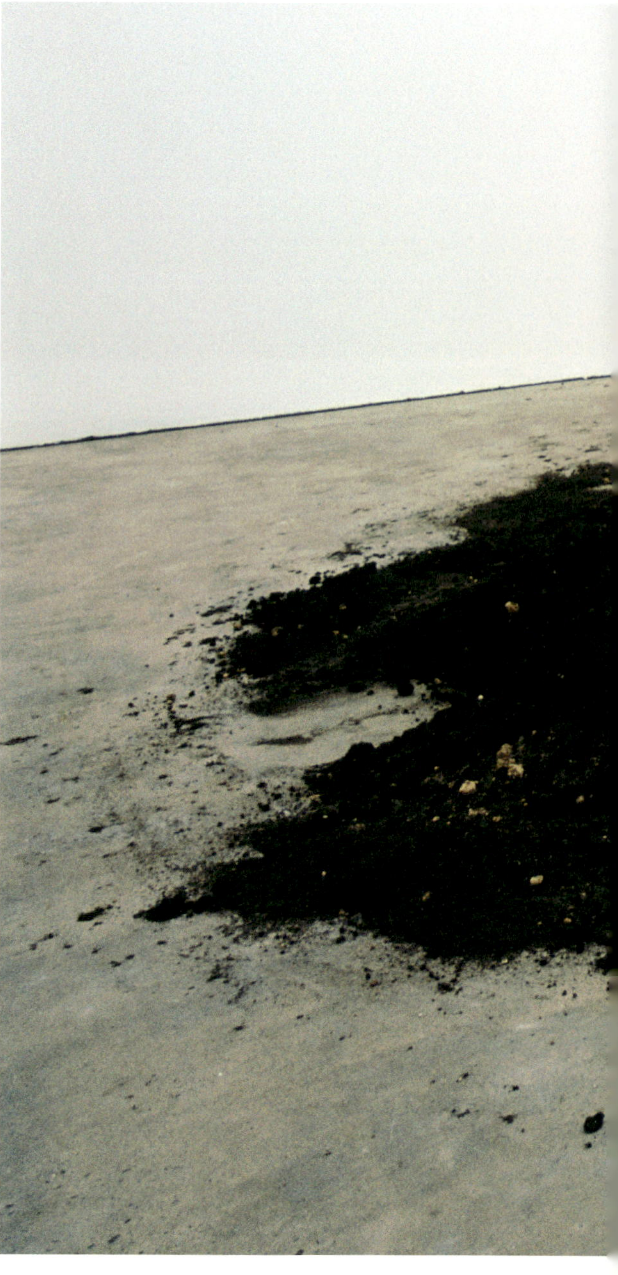

Ikon Earth, 2002, Tusche auf wieder verschließbaren 6-Liter-Polypropylenebeutel, Blumenerde

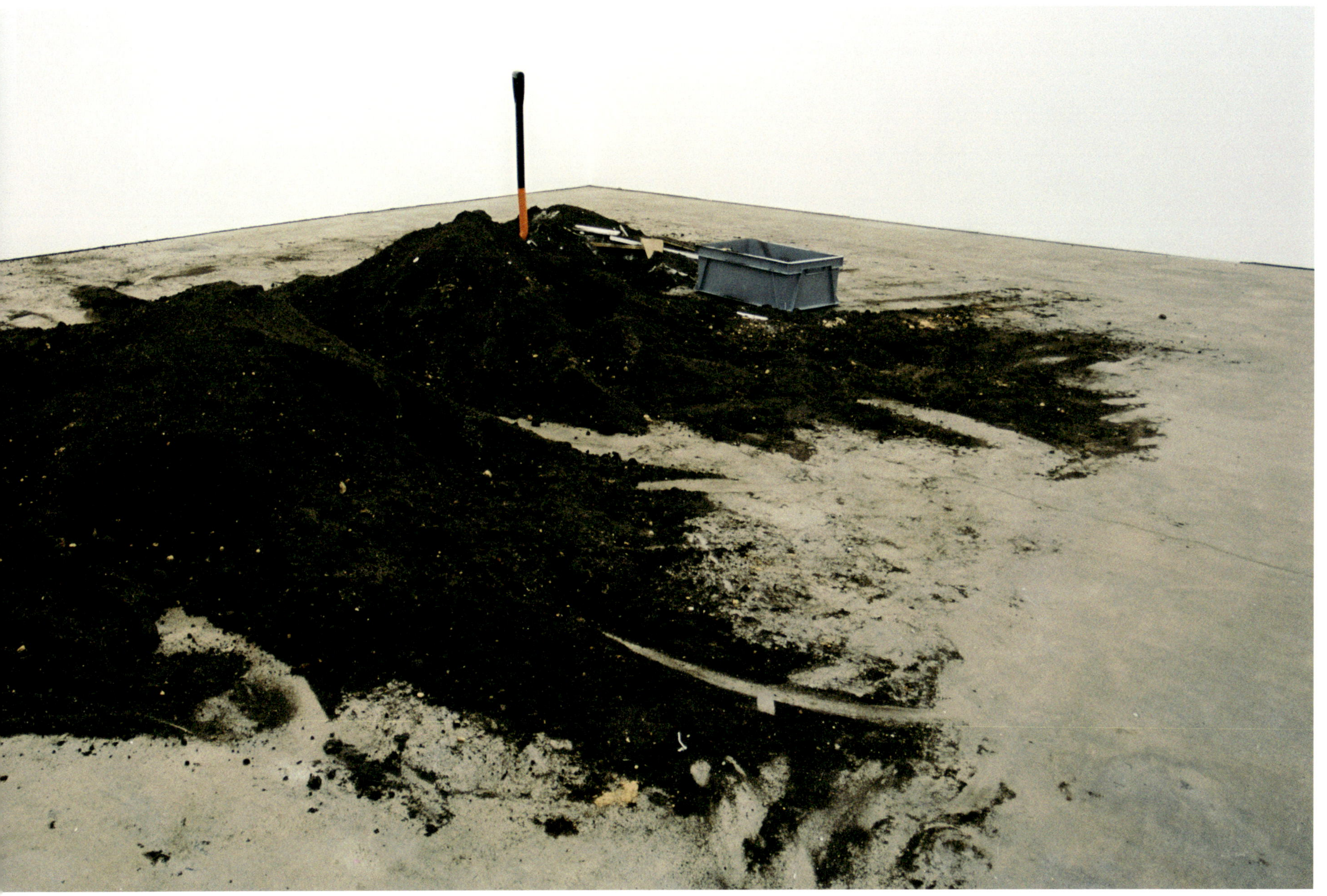

Pay Dirt, 2002, Kafeesatz, Sägemehl, Gips, Knochenmehl, Ammonium Phosphat, Bittersalz der Firma Epsom. Ausstellungsansicht, Ikon Gallery, Birmingham

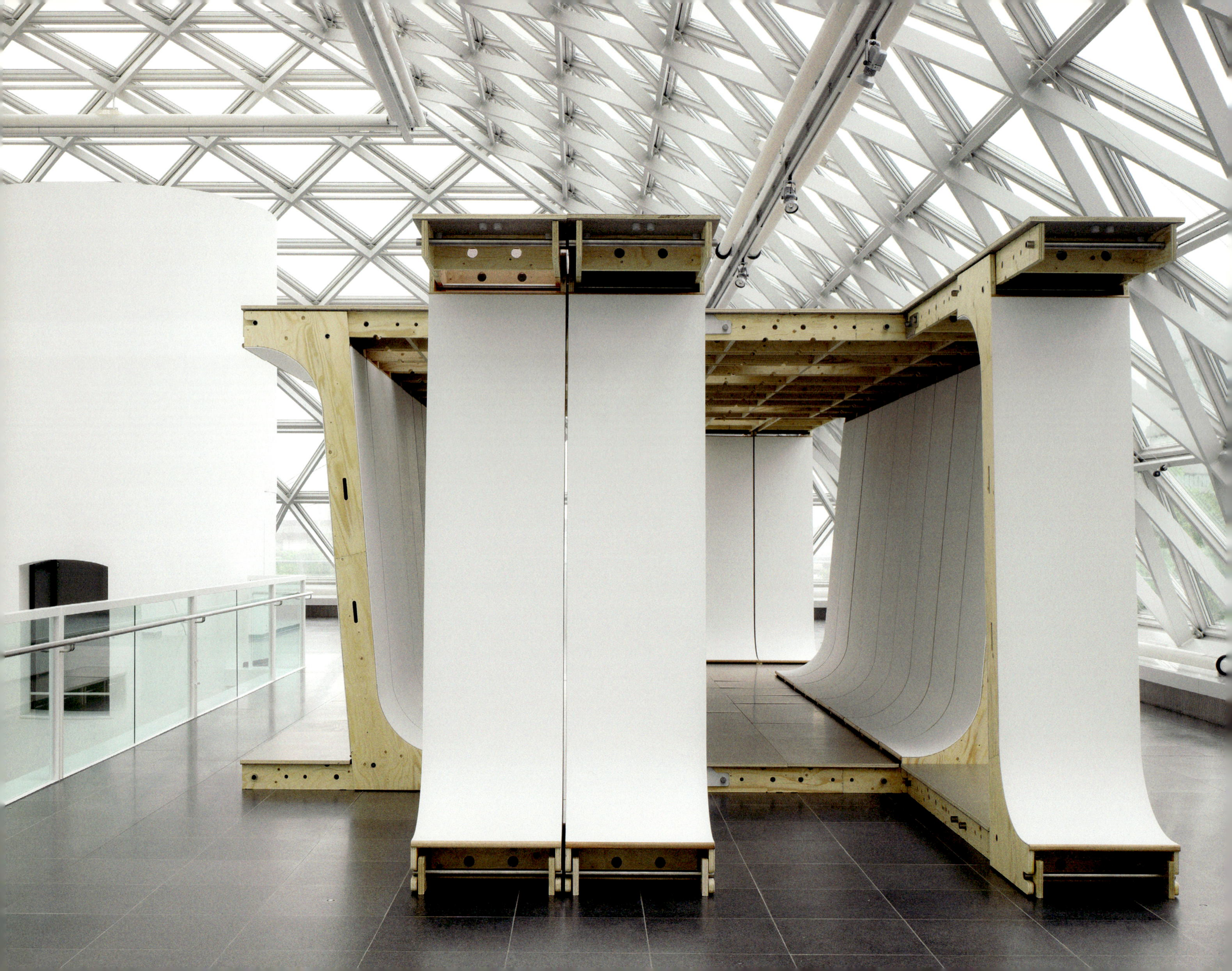

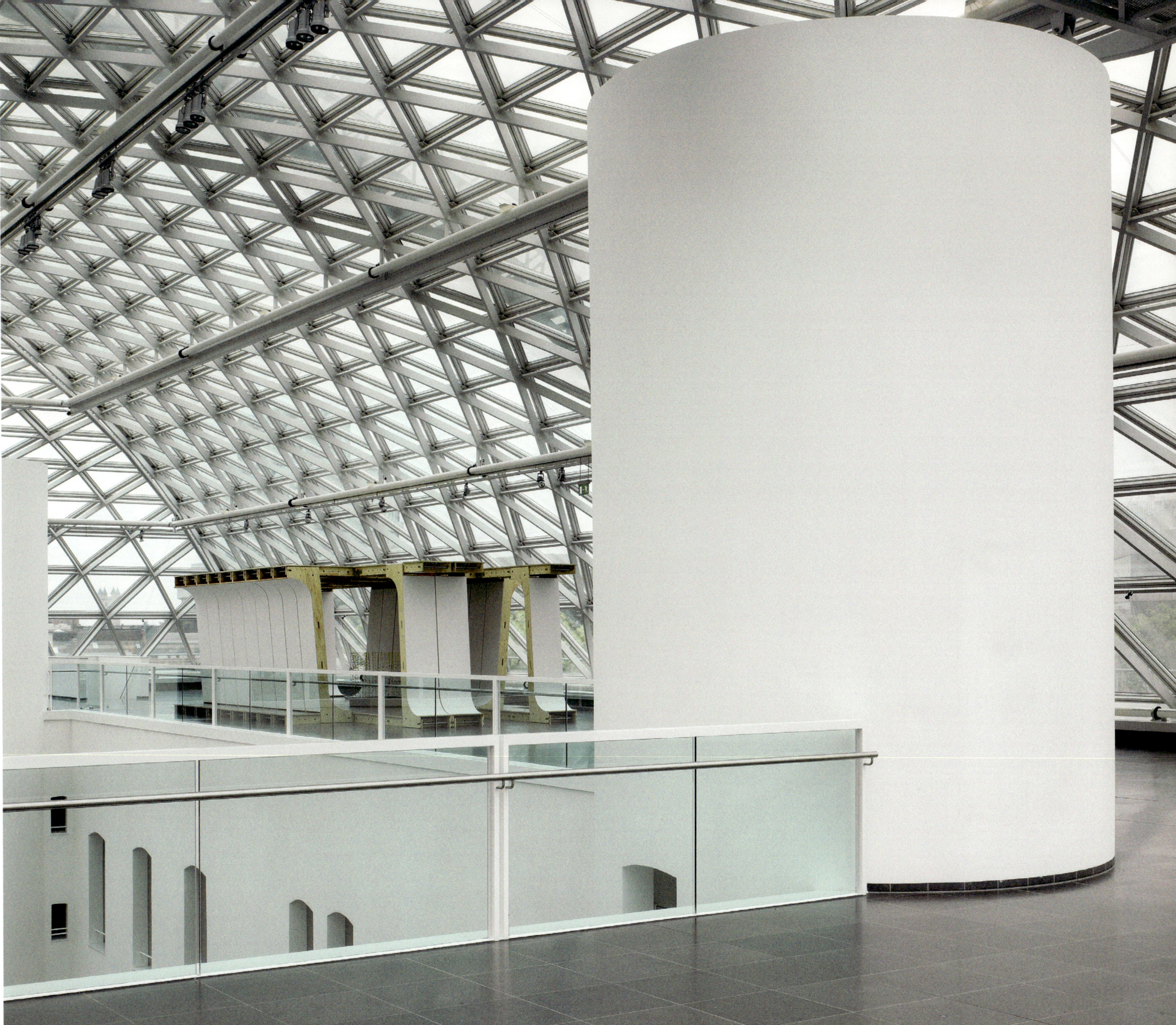

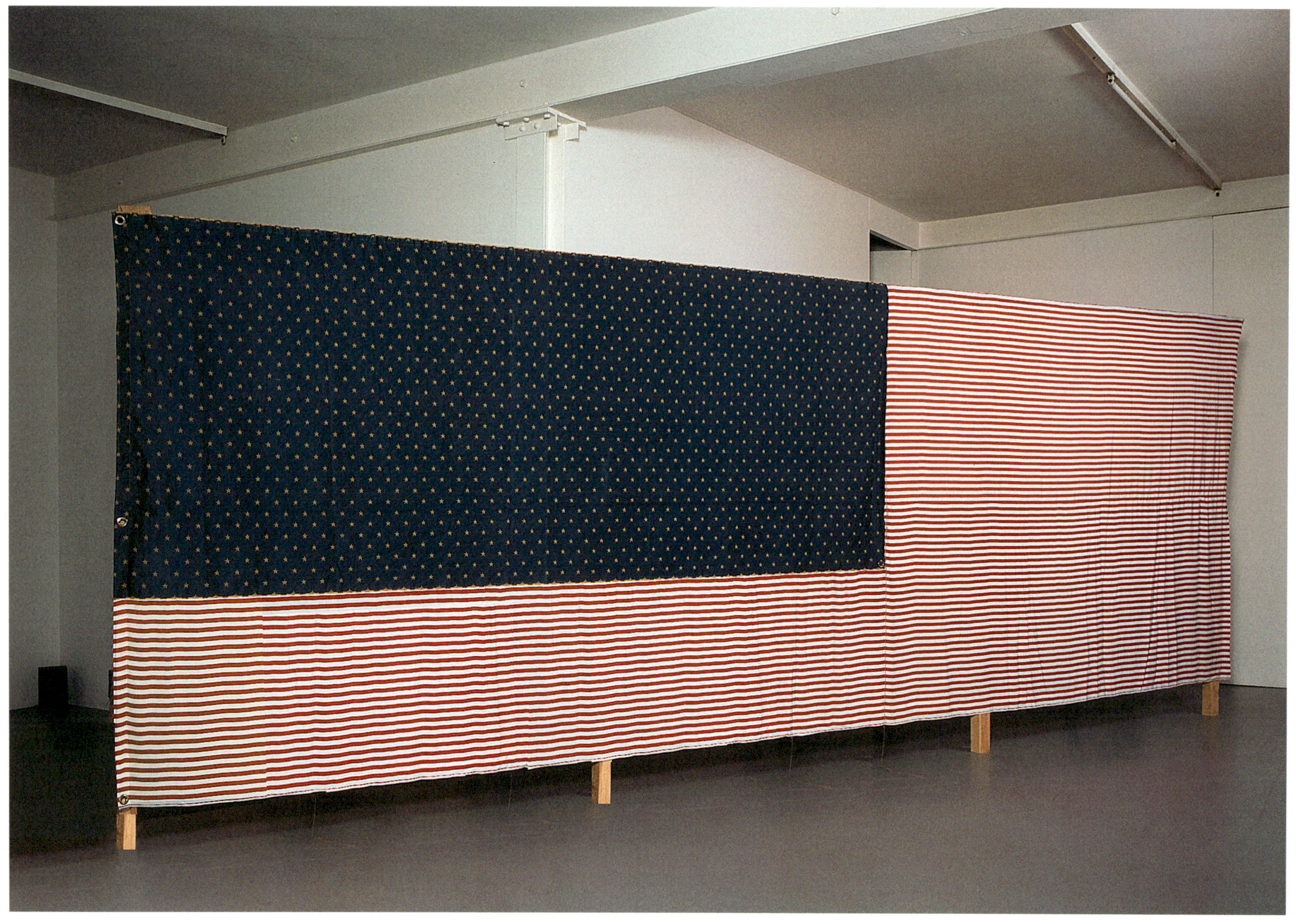

Empire, 2005, Reststoffe, Klettband, Holzschnitze, Ziegel, Schrauben, Draht, 220 x 650 x 175 cm

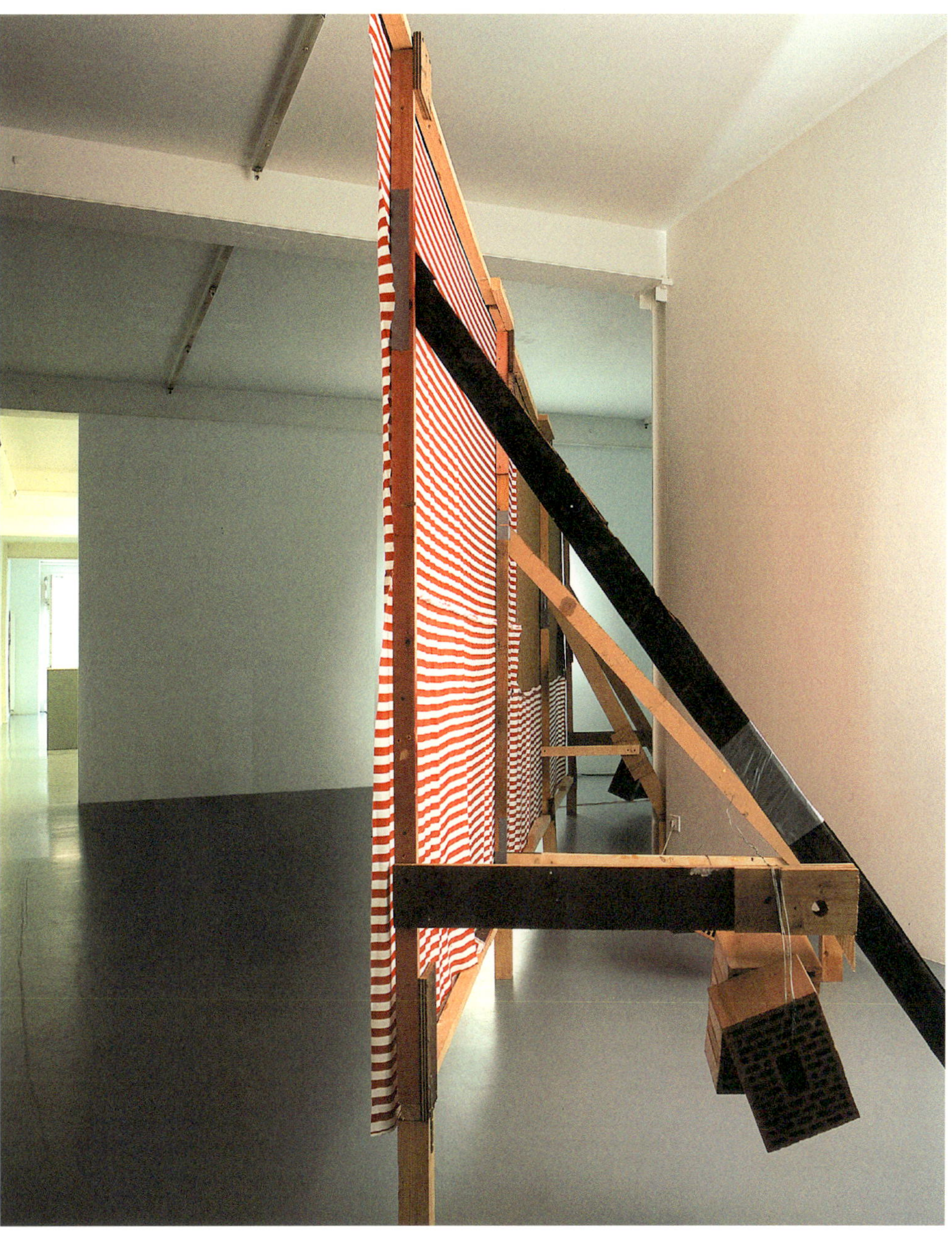

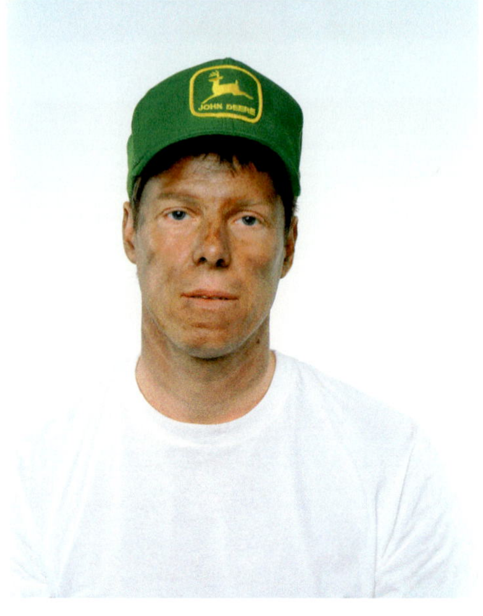

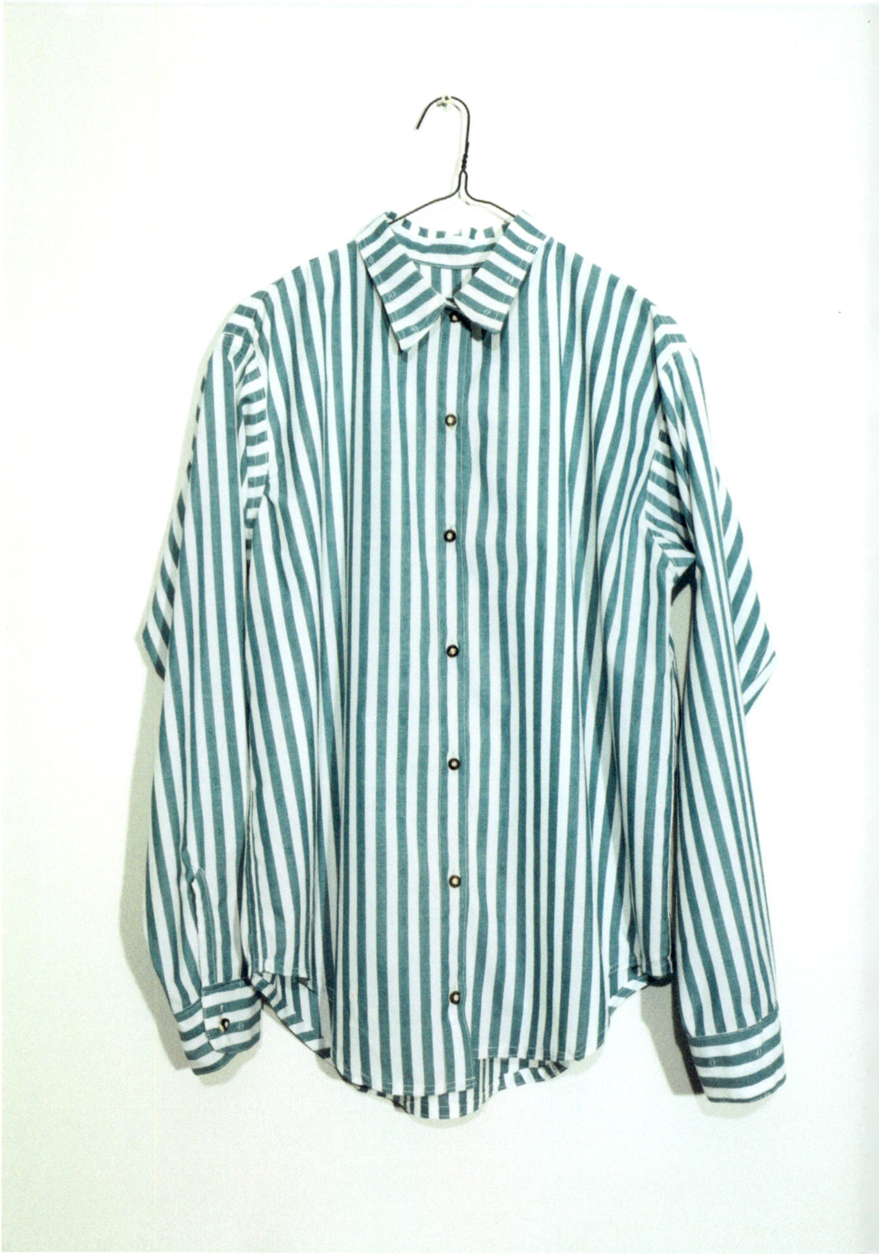

Swing State Mood Swing, 2006, Farbfotografie, 56 x 43 cm

Dress Shirt, 1991, Baumwolle, Zwirn, Hirschhornknöpfe, 37 cm Kragenweite / 85 cm Ärmellänge

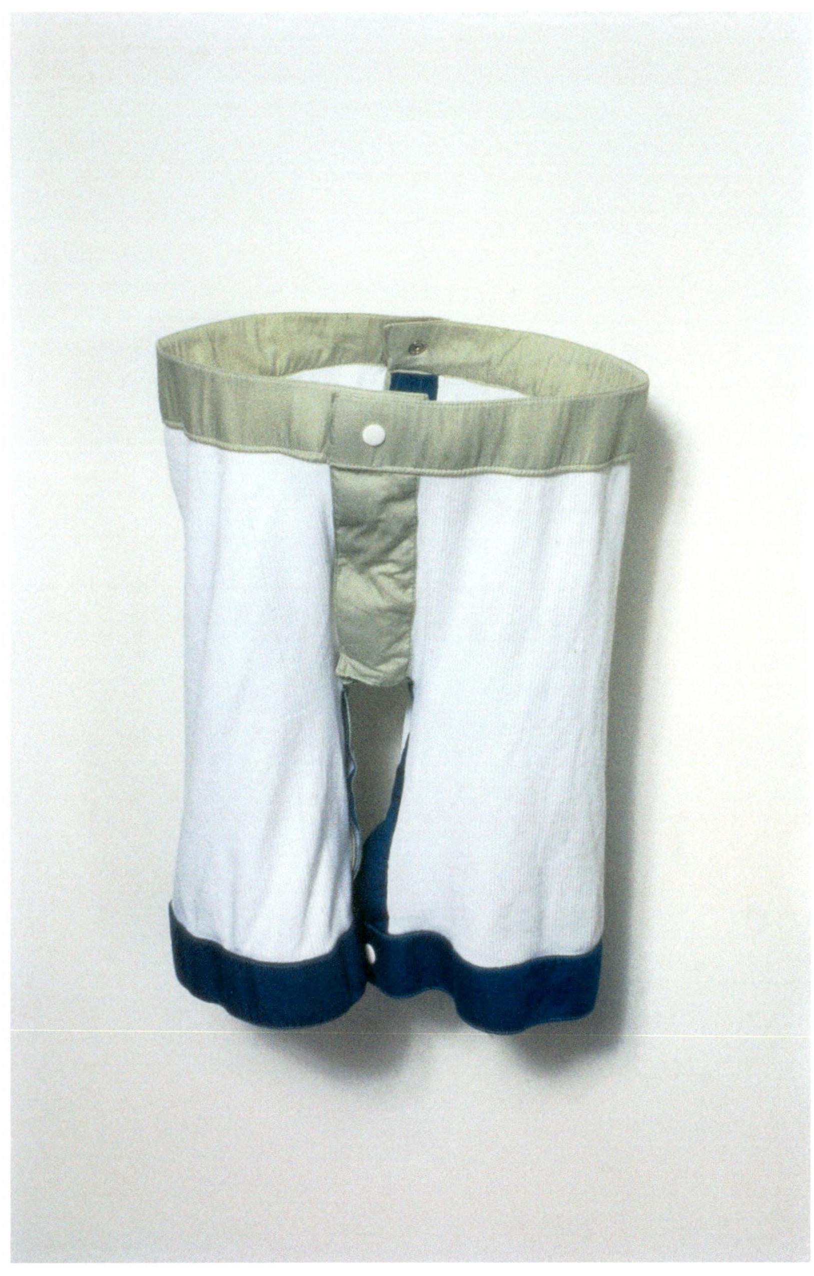

Extended-wear Underwear, 1994, Baumwolle, Gummi, Klettband, Druckknöpfe, 72-78 cm Umfang

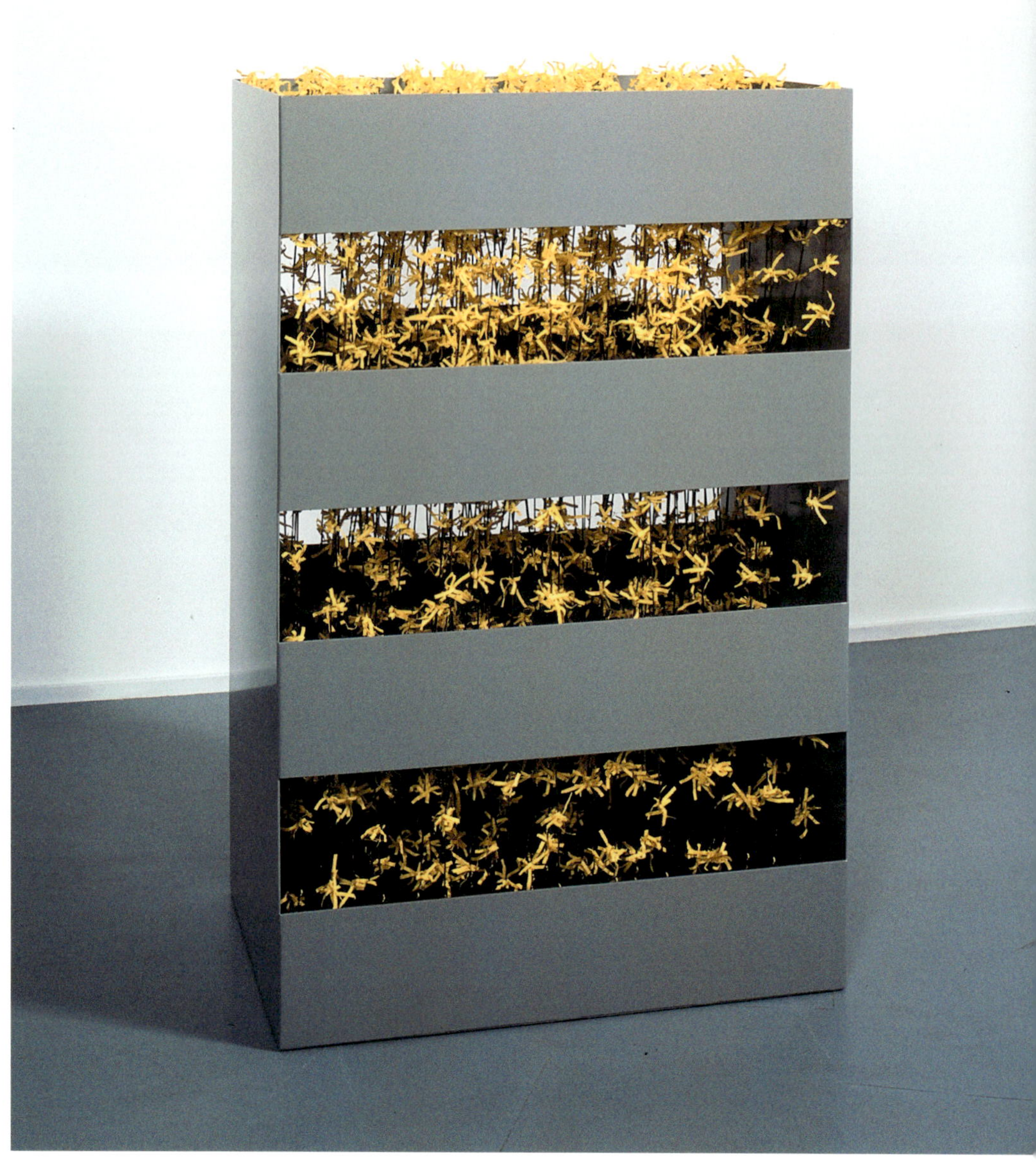

Fake Nonsite, 2006, Aluminium, Harz-ummantelter Draht, gelbes Papier, Heisskleber, 110 x 70 x 50 cm

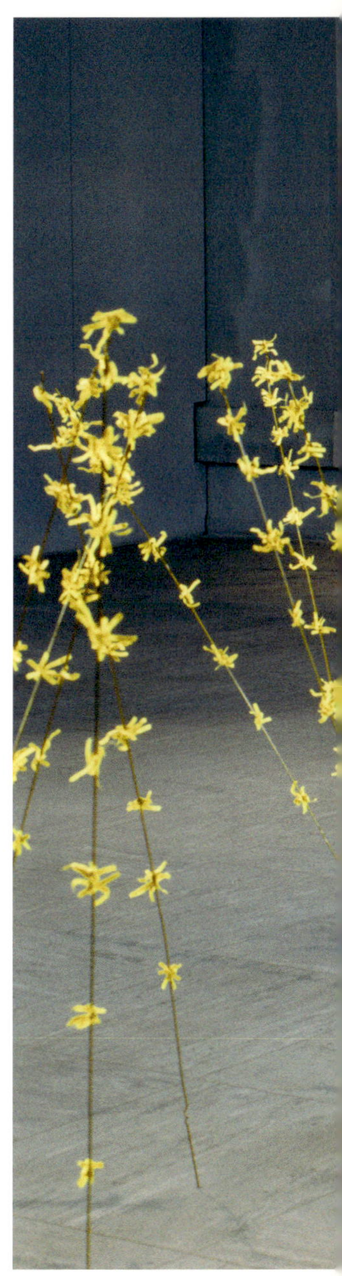

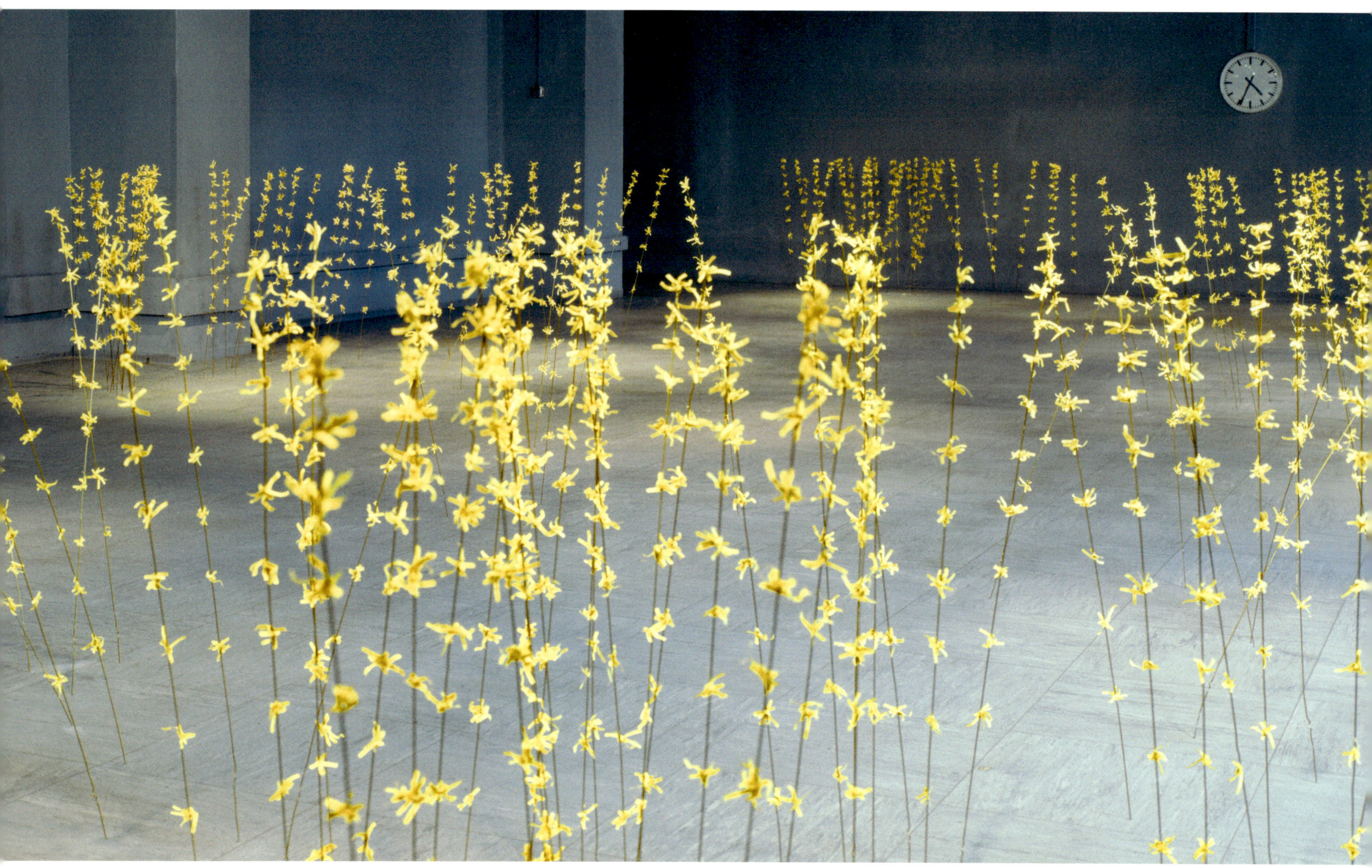

Sic Transit Gloria, 2000, Harz-ummantelter Draht, gelbes Papier, Heisskleber. Ausstellungsansicht MARTa Herford

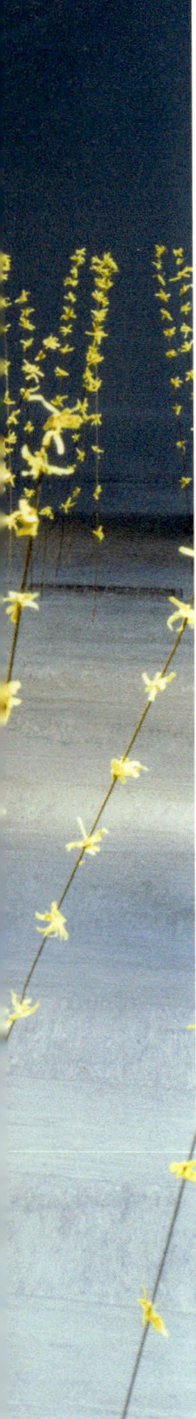

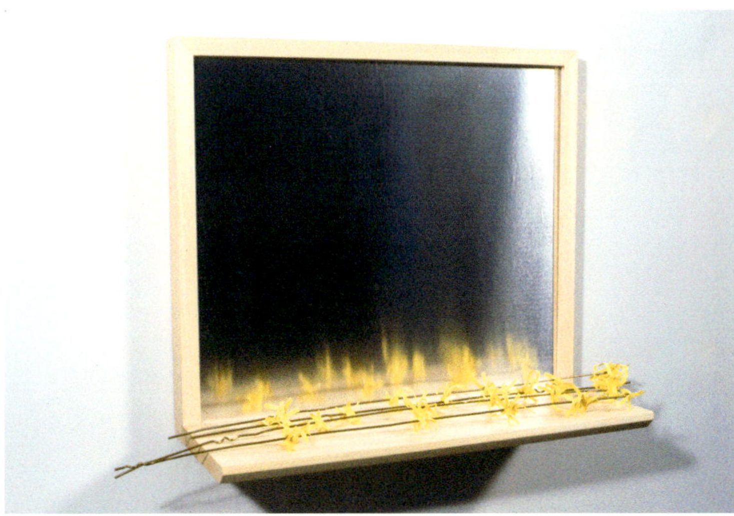

Nature Morte, 2004, Aluminiumfolie, Glas, Holz, Harz-ummantelter Draht, gelbes Papier, Heisskleber, 35 x 46 x 10 cm

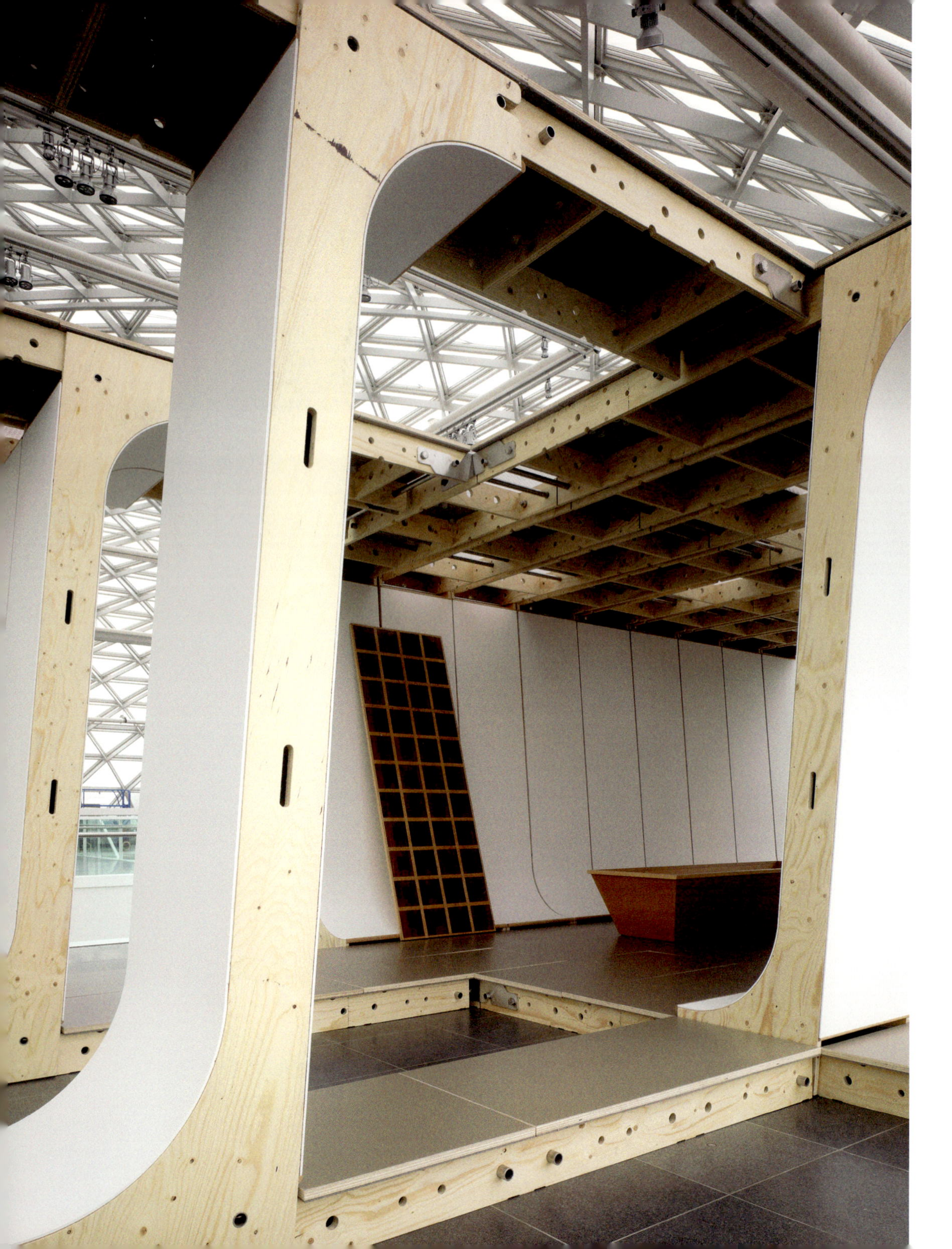

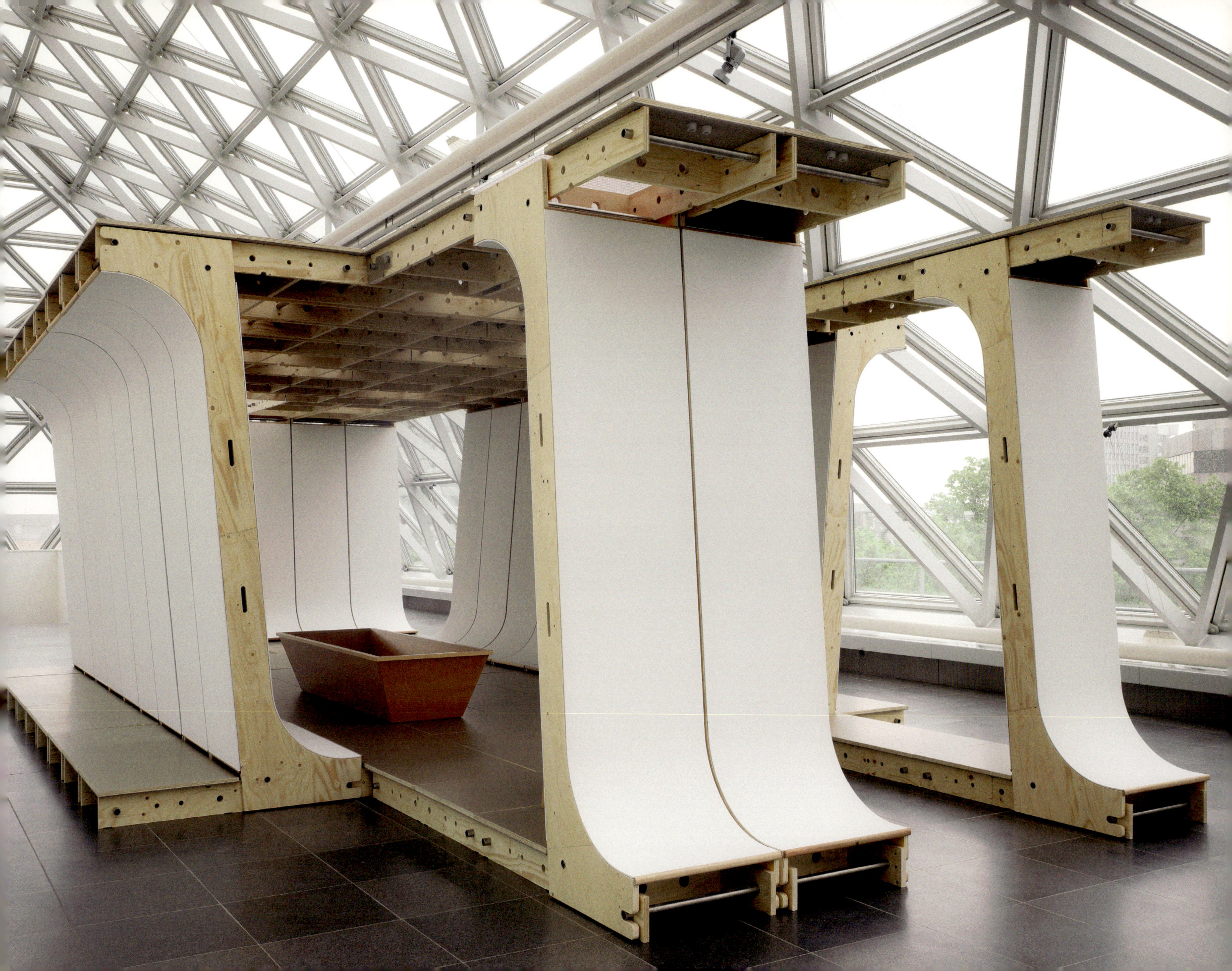

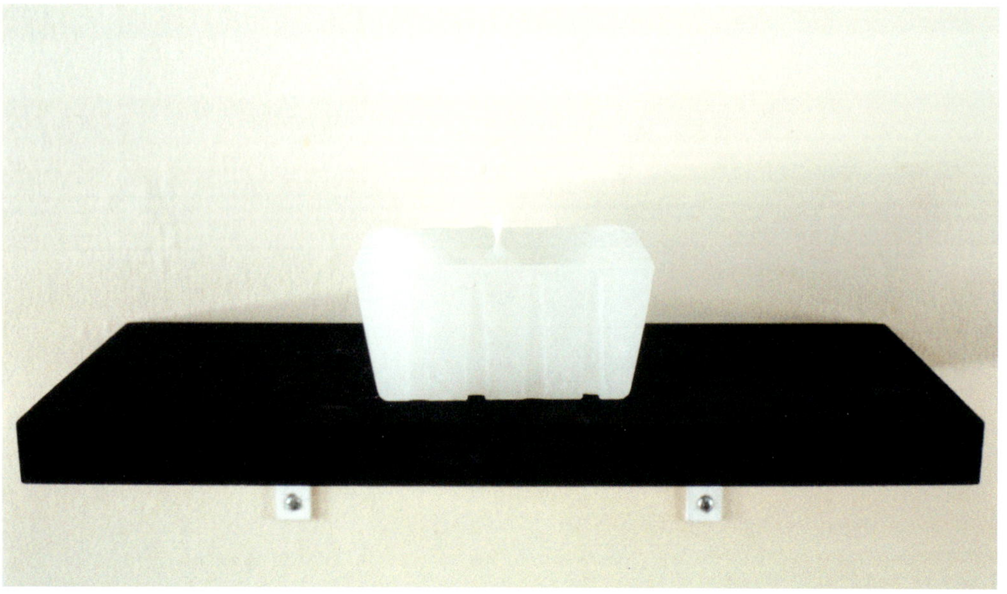

Candle (tofu), 1988, Parafin, Docht, 454 gr.

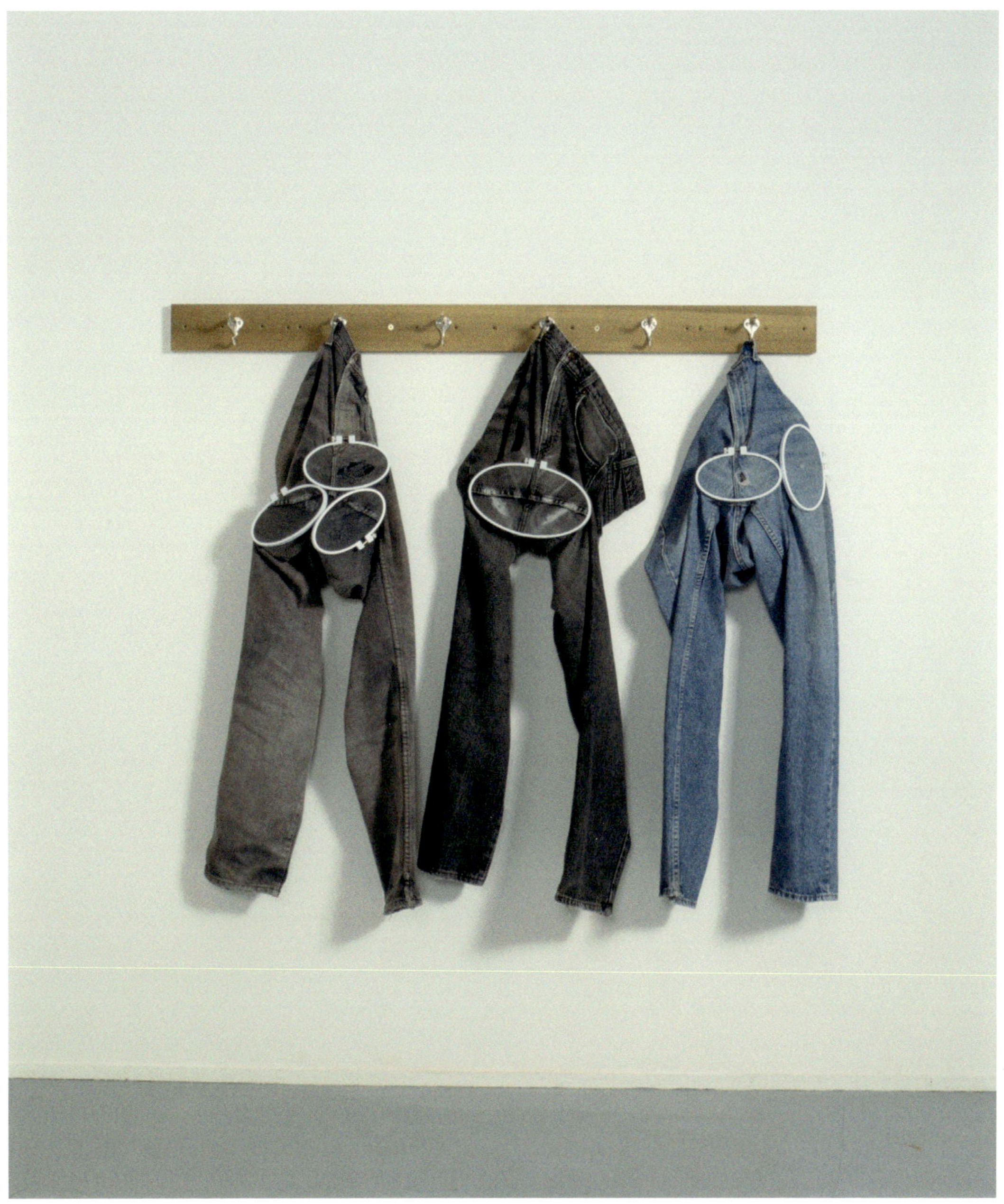

Mending Calendar, 1994, Jeansstoff, Holz, Metall, Plastik, 105 x 90 x 10 cm

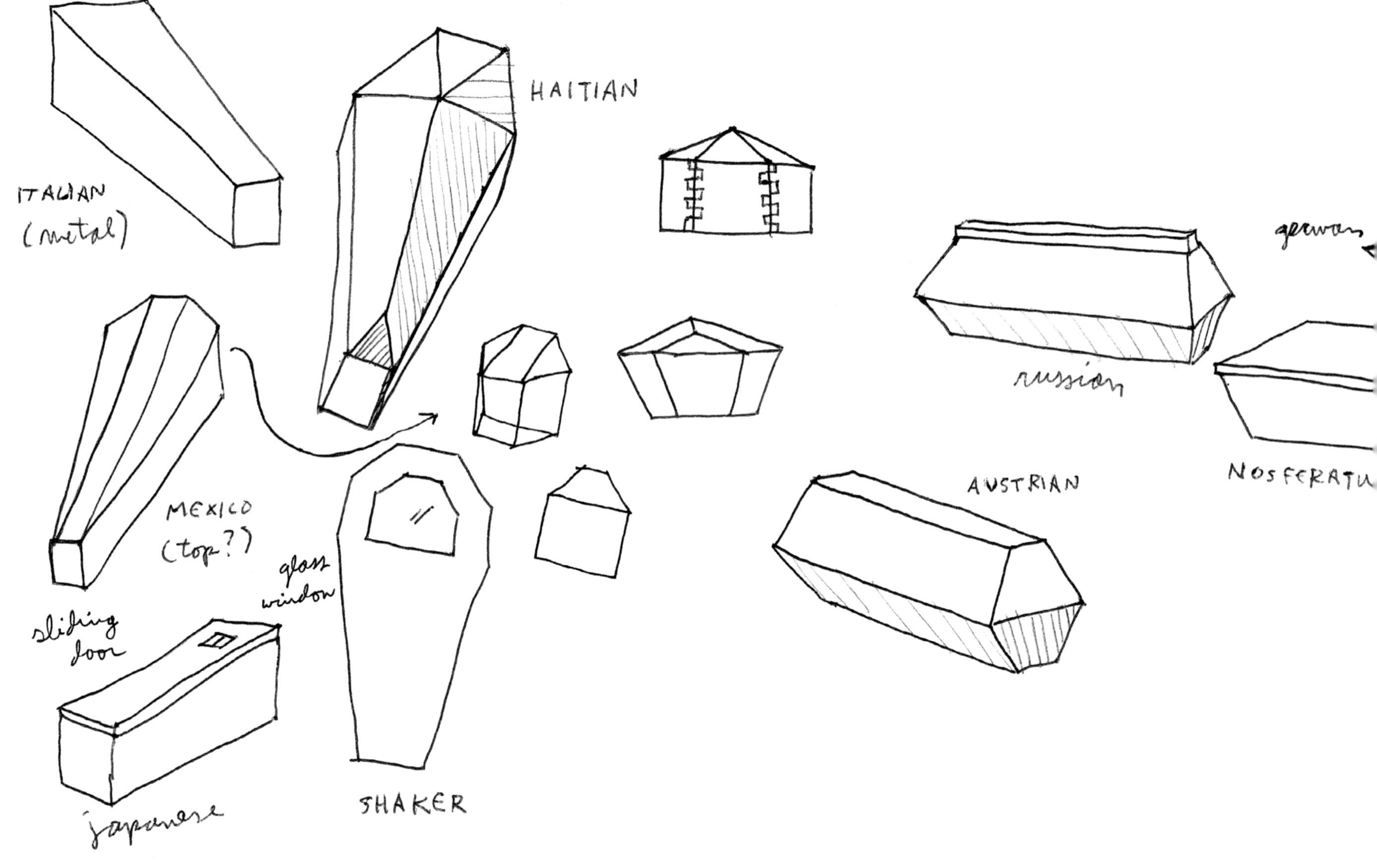

Coffin Drawings, 1997, Tusche, Grafit, Aufkleber auf Papier, 26 x 20 cm

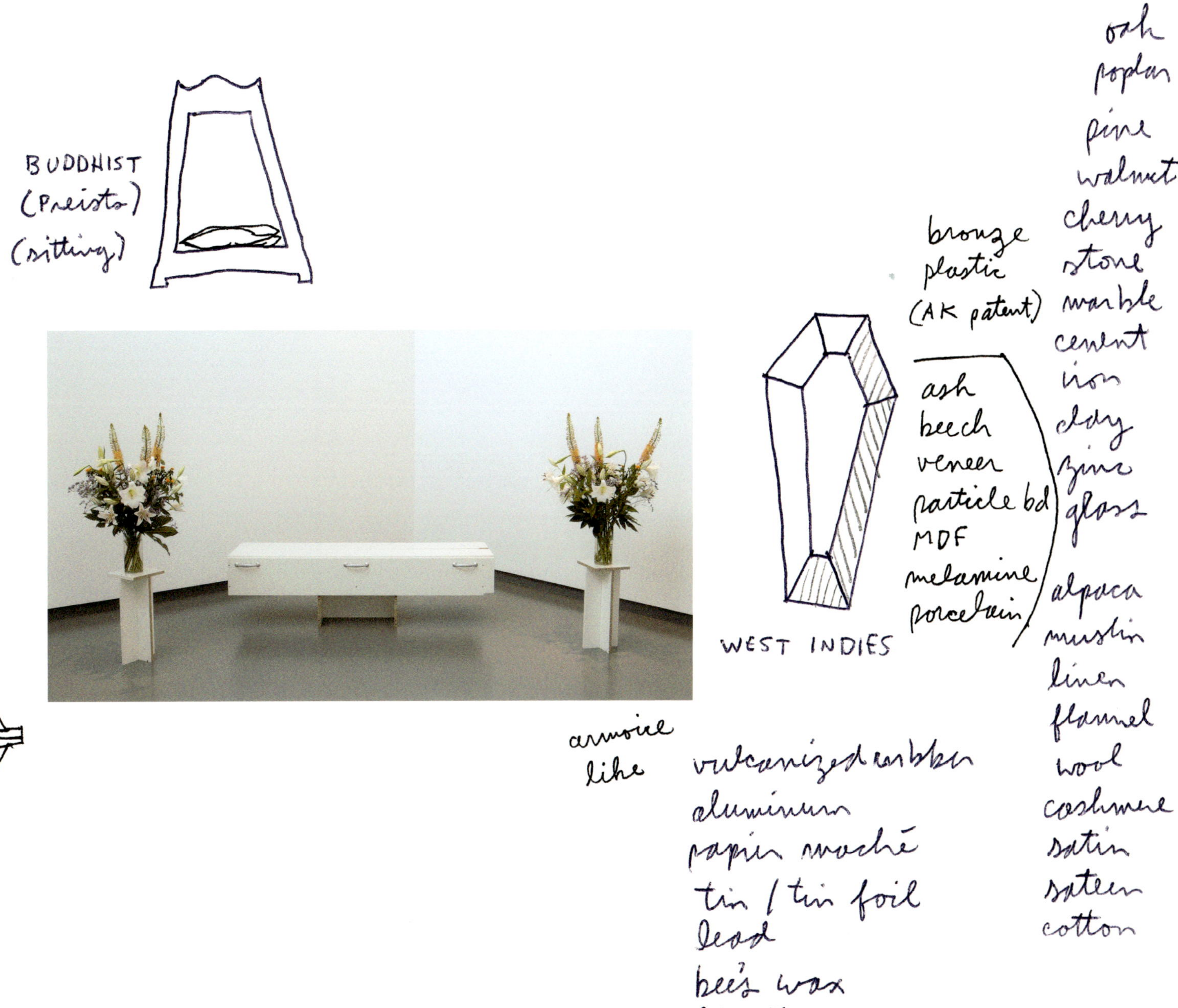

DIY Dead On Arrival (AnnLee), 2003, Melamin, Regal, Metallzubehör, Stoff, Polyester, Glas, frische Blumen. Ausstellungsansicht, Van Abbemuseum, Eindhoven

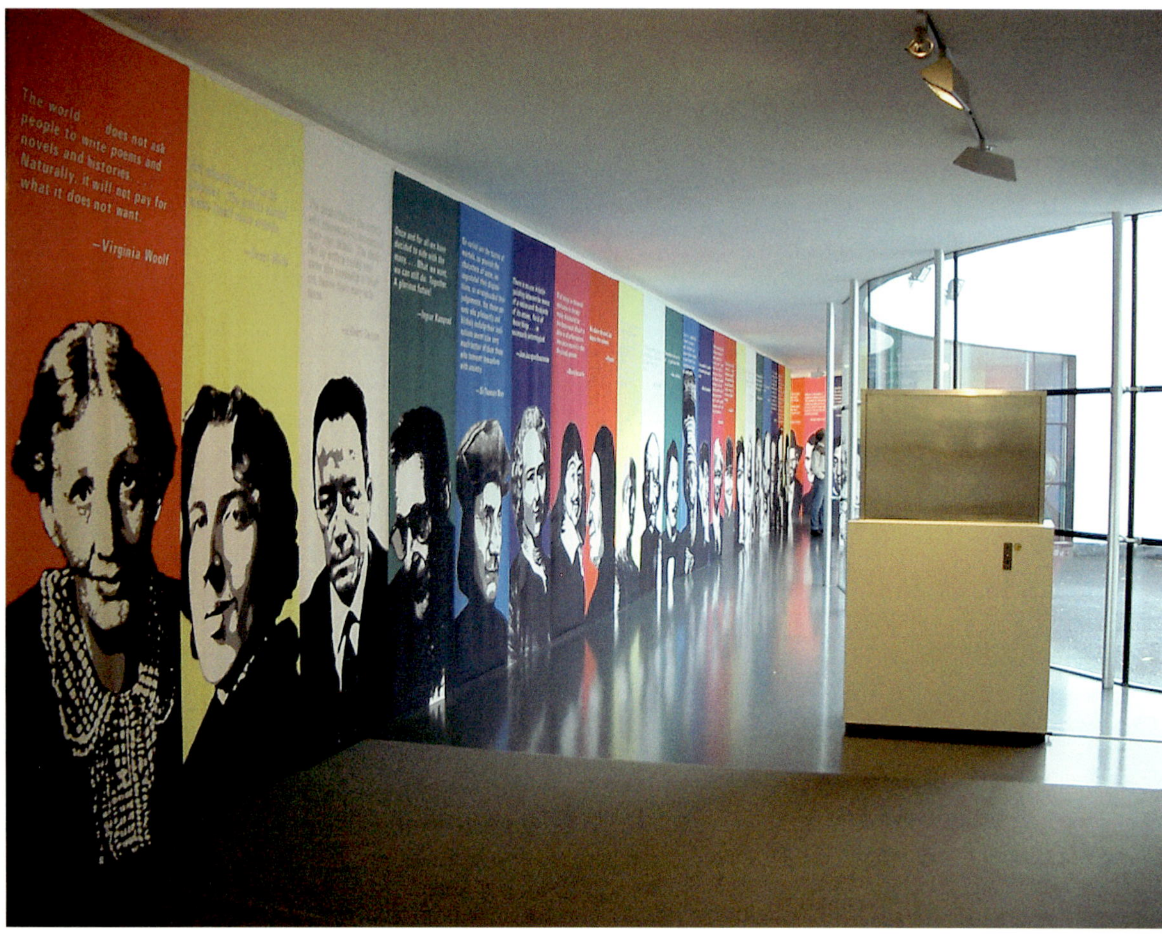

Pay For Your Pleasure (reprise), 1998, Inkjet-Druck auf Polyester, Popeline, 49 Banner, 300 x 100 cm jeweils. Ausstellungsansicht, Van Abbemuseum, Eindhoven

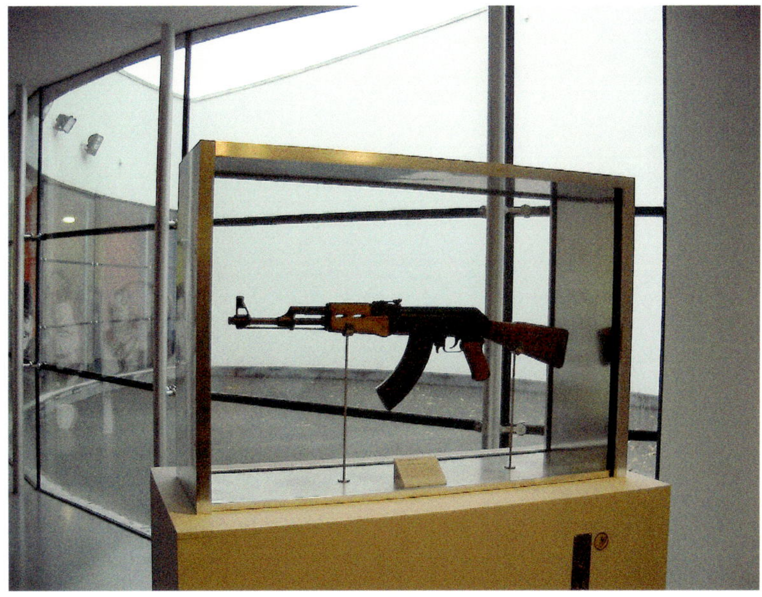

Pay For Your Pleasure (reprise), [detail] 1998, Aluminium, Glas, Display AK-47 Sturmgewehr, Mechanismus mit Münzeinwurf. Ausstellungsansicht, Van Abbemuseum, Eindhoven

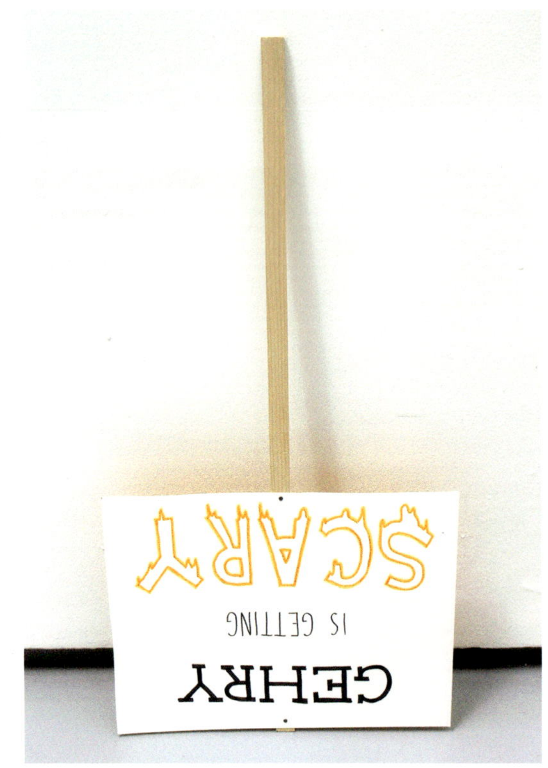

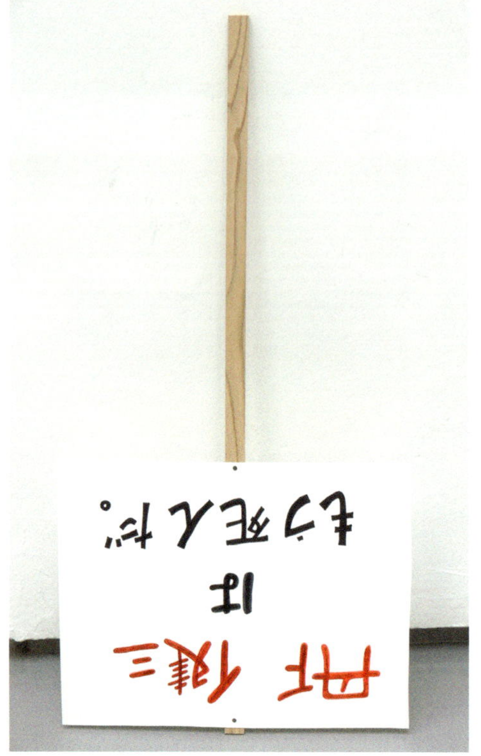

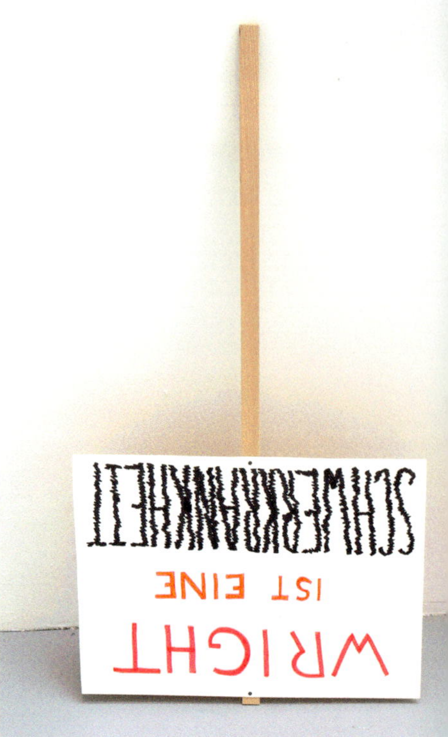

Portable Utopias, 2005, Marker, Karton, Holz, Nägel, 115 x 70 cm

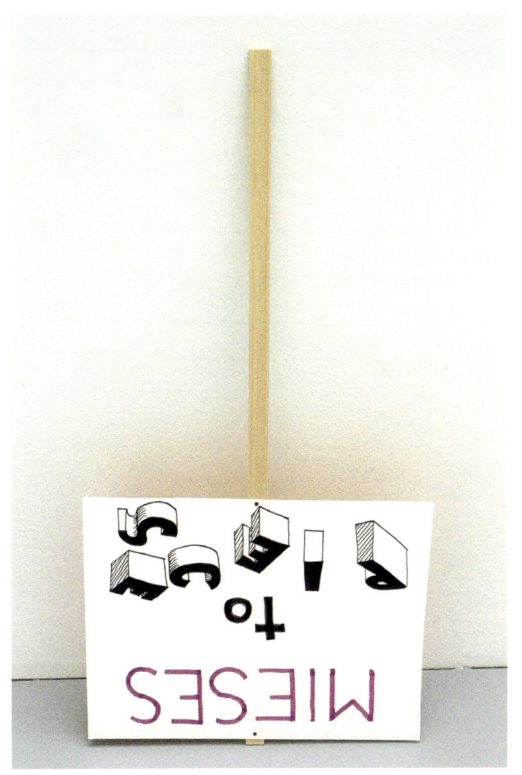
MIESES
to

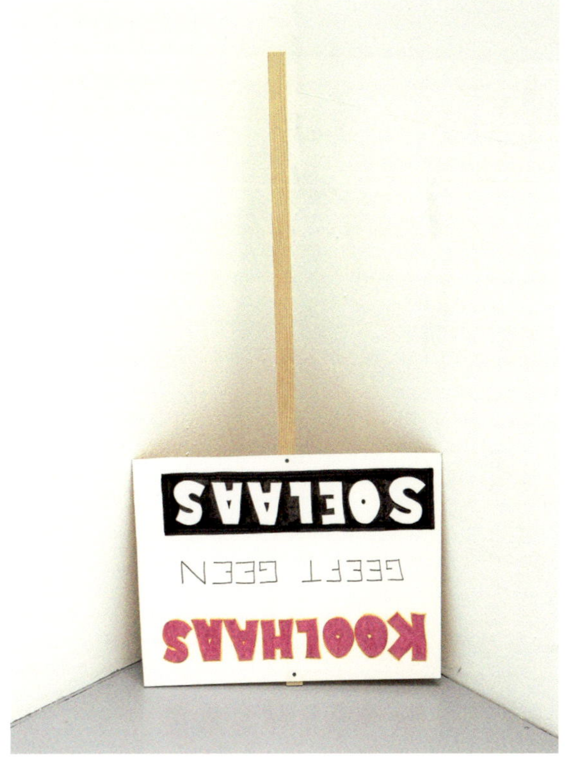
SOELLAS
GEEFT GEEN
KOOLHAAS

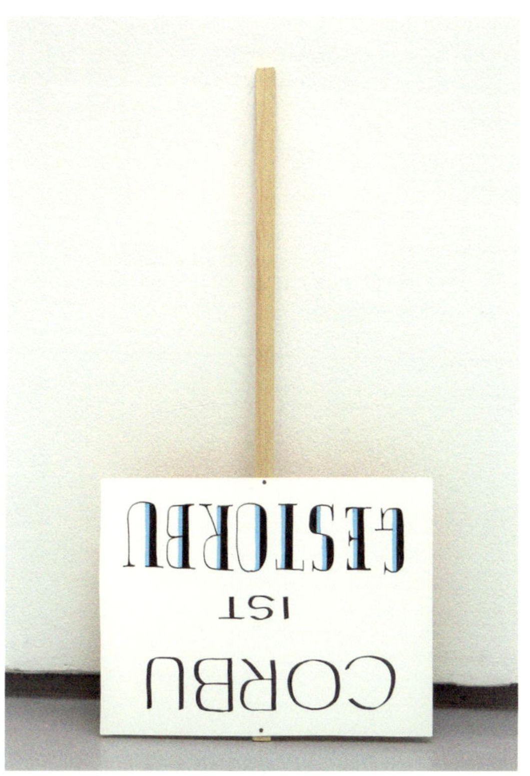
CORBU IST GESTORBU

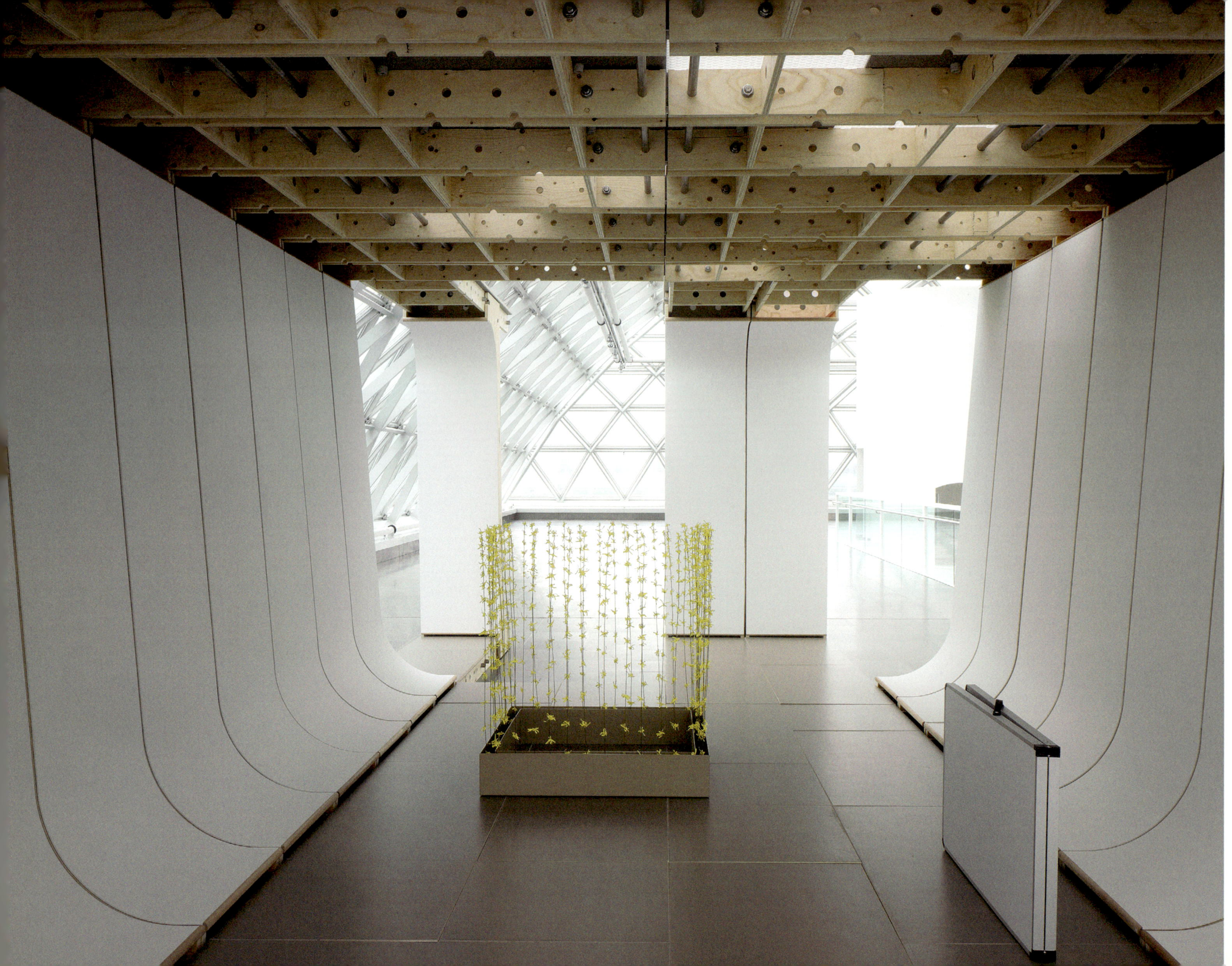

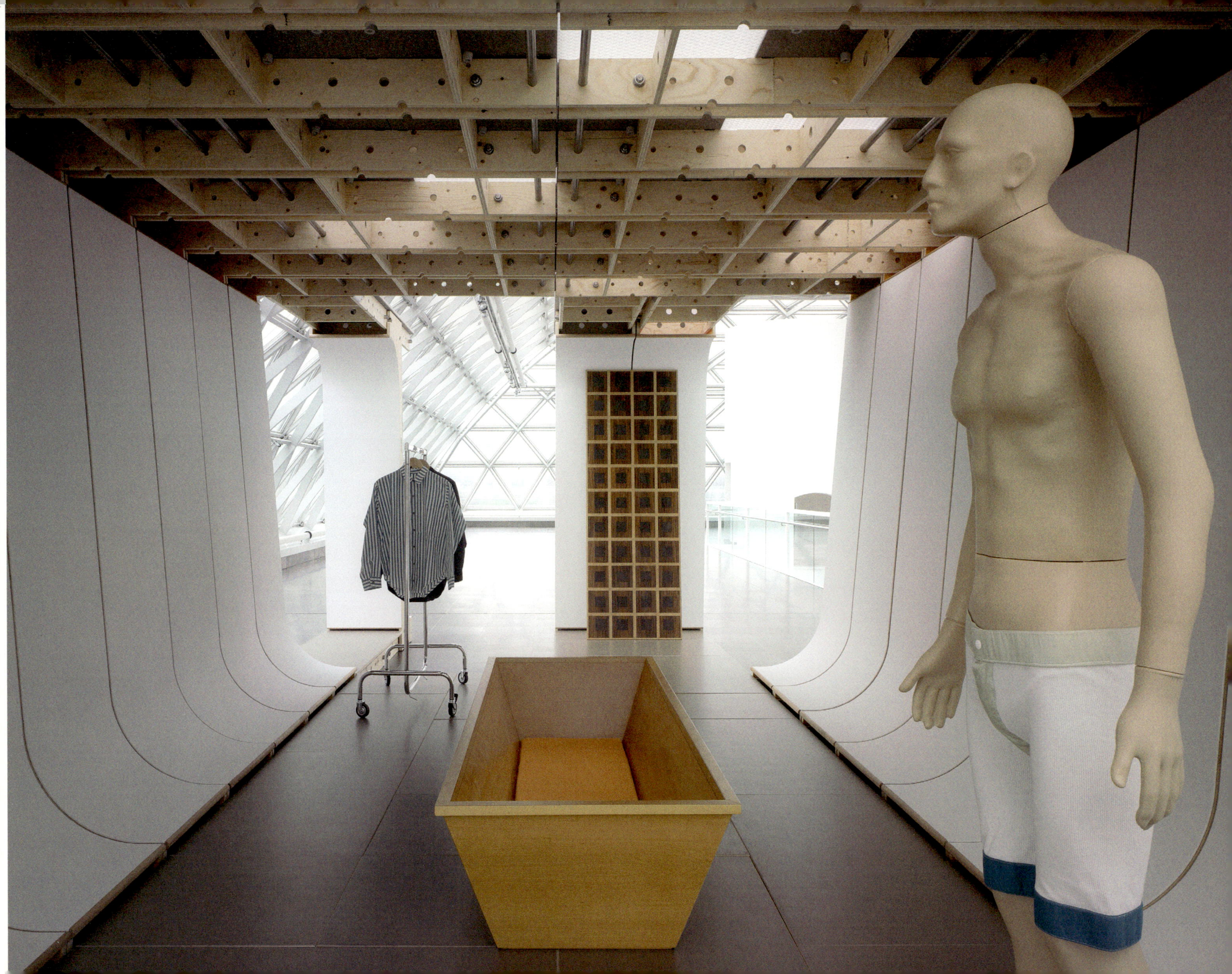

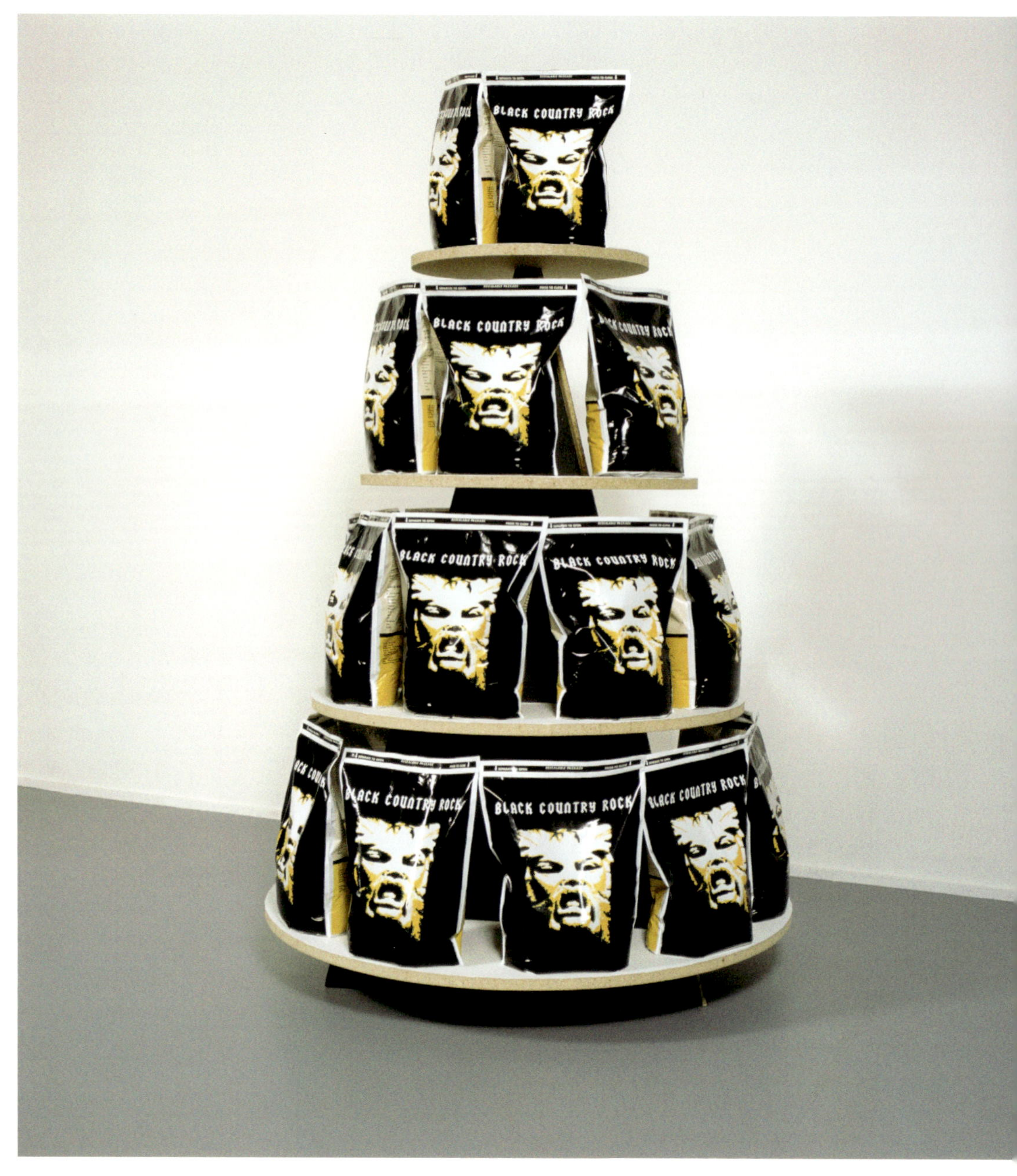

Display (Black Country Rock), 2003, Tusche auf wieder verschließbarem Polypropylene-Beutel, Blumenerde, Regal, Farbe, 200 x 125 x 125 cm

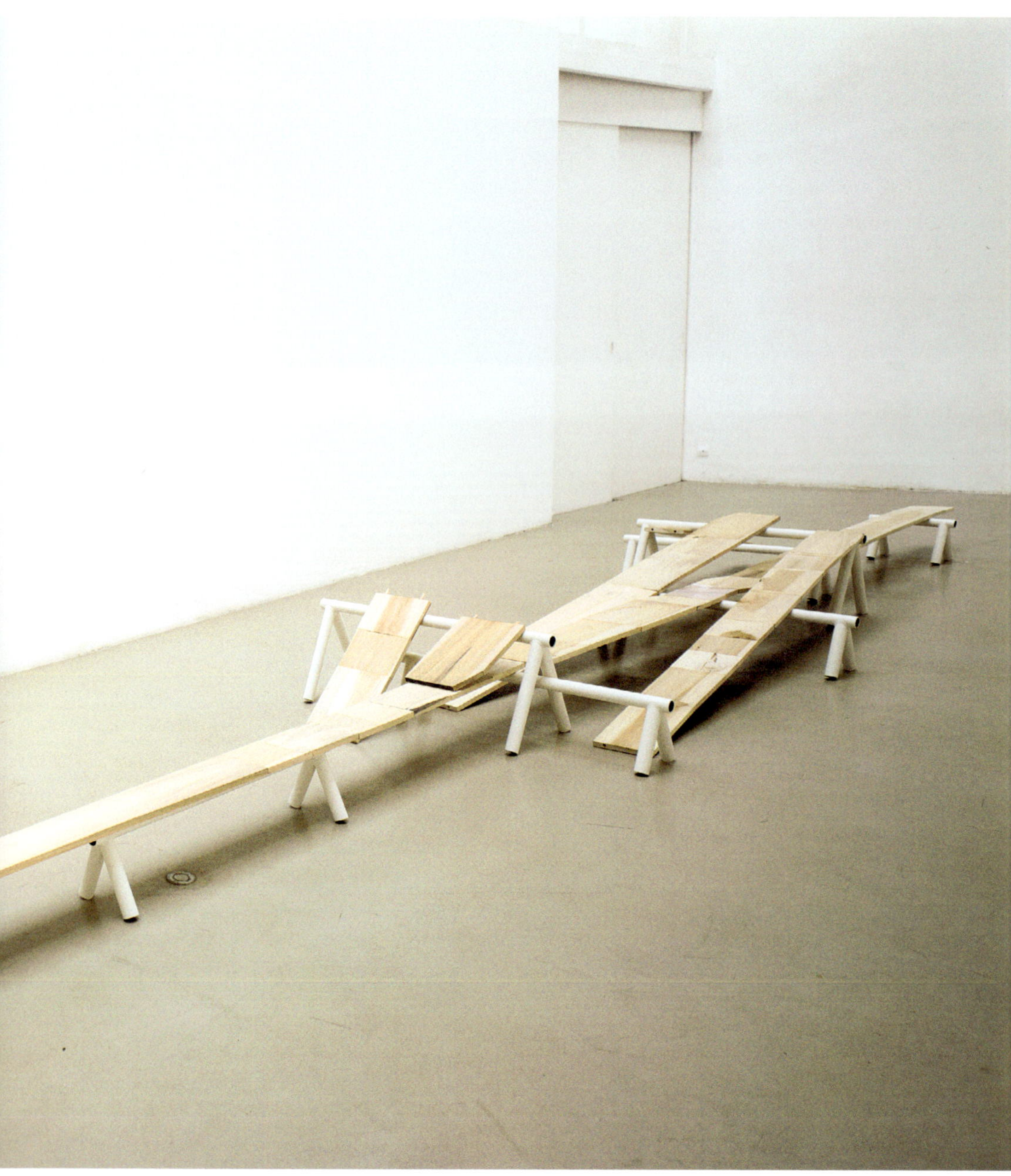

Untitled Structure, 1994, Holz, Leim, pigmentierter Schellack auf Metall, Installation variabel

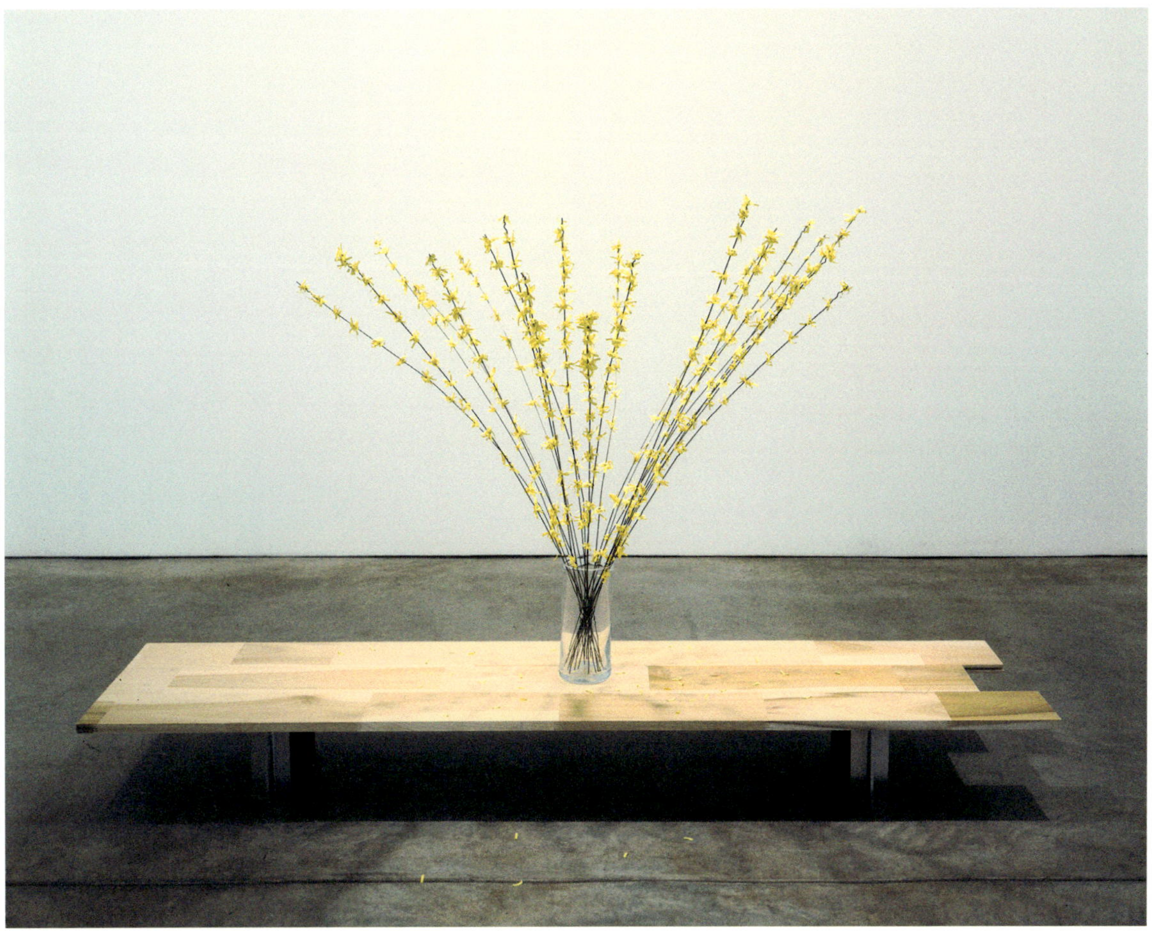

Pay Attention Motherfuckers, 1999, Holz, Aluminium, Glas, gelbes Papier, Aufhänger, Heisskleber, 122 x 187 x 90 cm

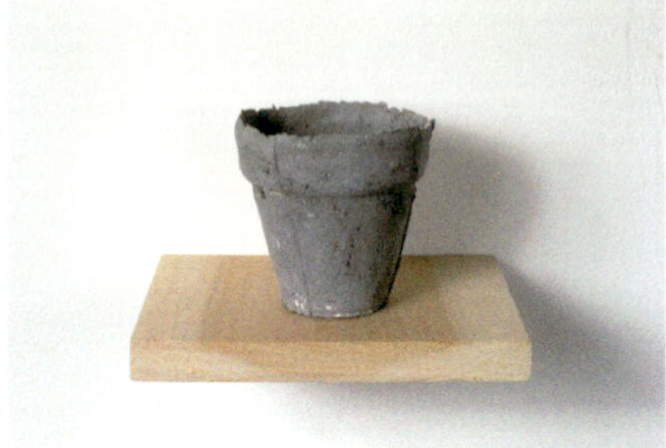

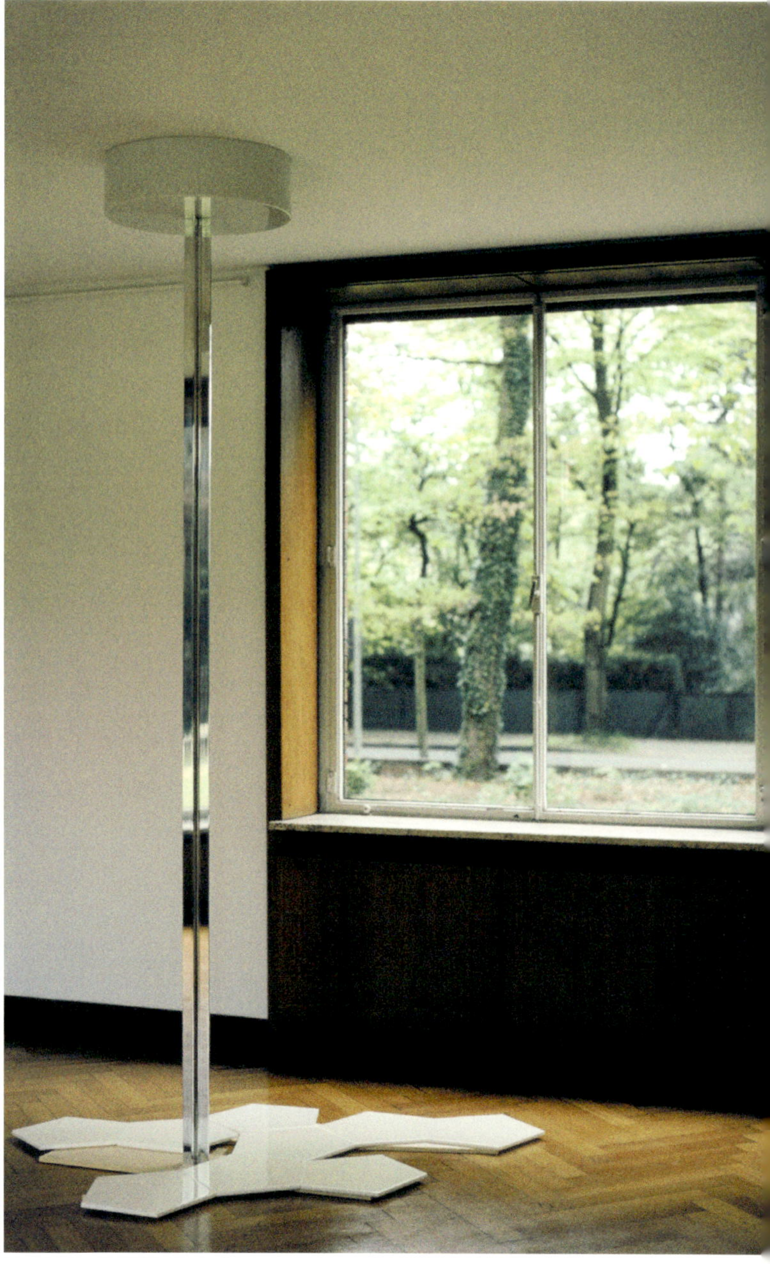

Starter Pot, 1989, Zigarrenasche, Speichelflüssigkeit, Eiweiss, 9 x 10.5 x 10.5 cm

Numerous Incidents, 1996, Stranggepresstes Aluminium, Stylite, Harz, Geranienblätter

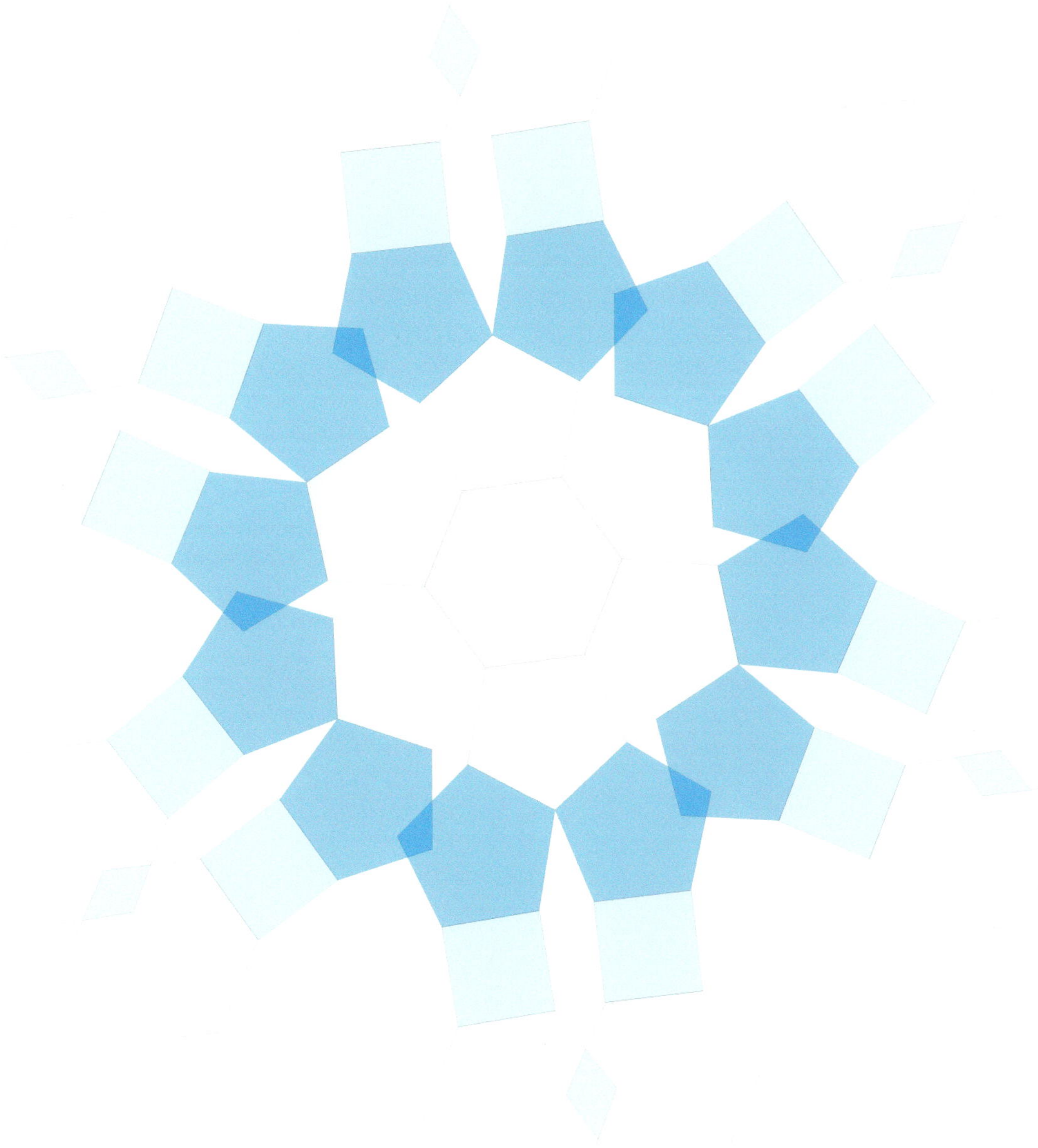

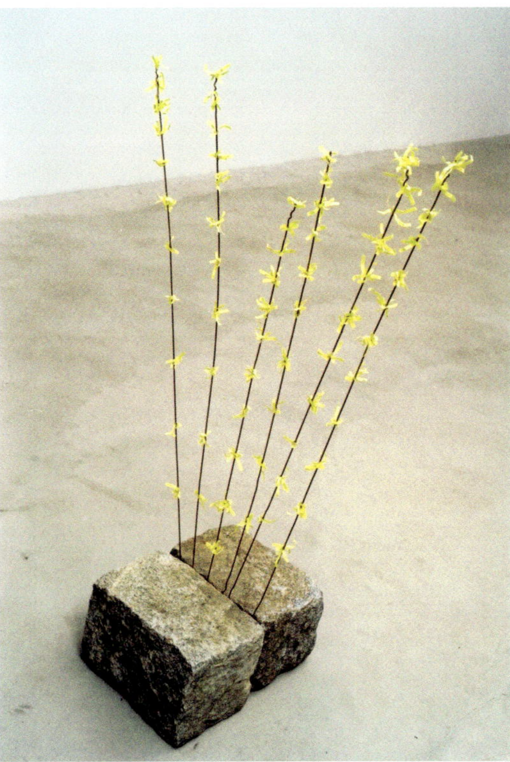

Snowflake #65546, 2007, Digitale Daten

False Hope (for Vienna), 2000, Pflastersteine, Harz-ummantelter Draht, gelbes Papier, Heisskleber, 105 x 35 x 26 cm

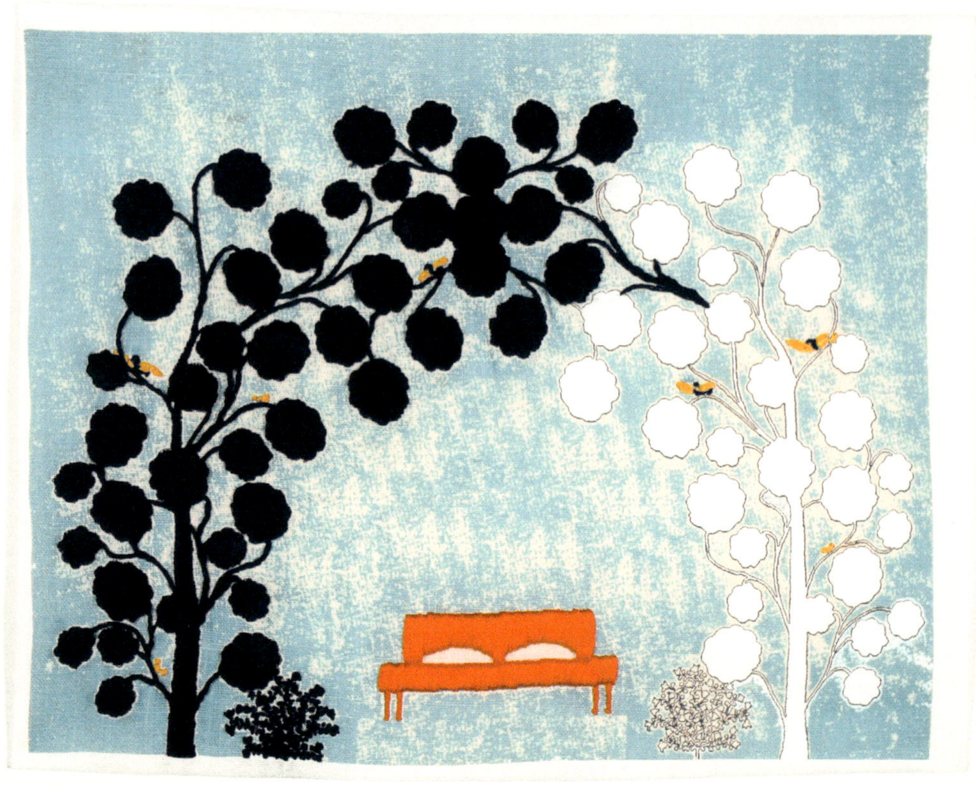

Love Nest with Orioles (unfinished), 2006, Inkjet-Druck auf Leinen, Florettgarn, 31 x 24 cm

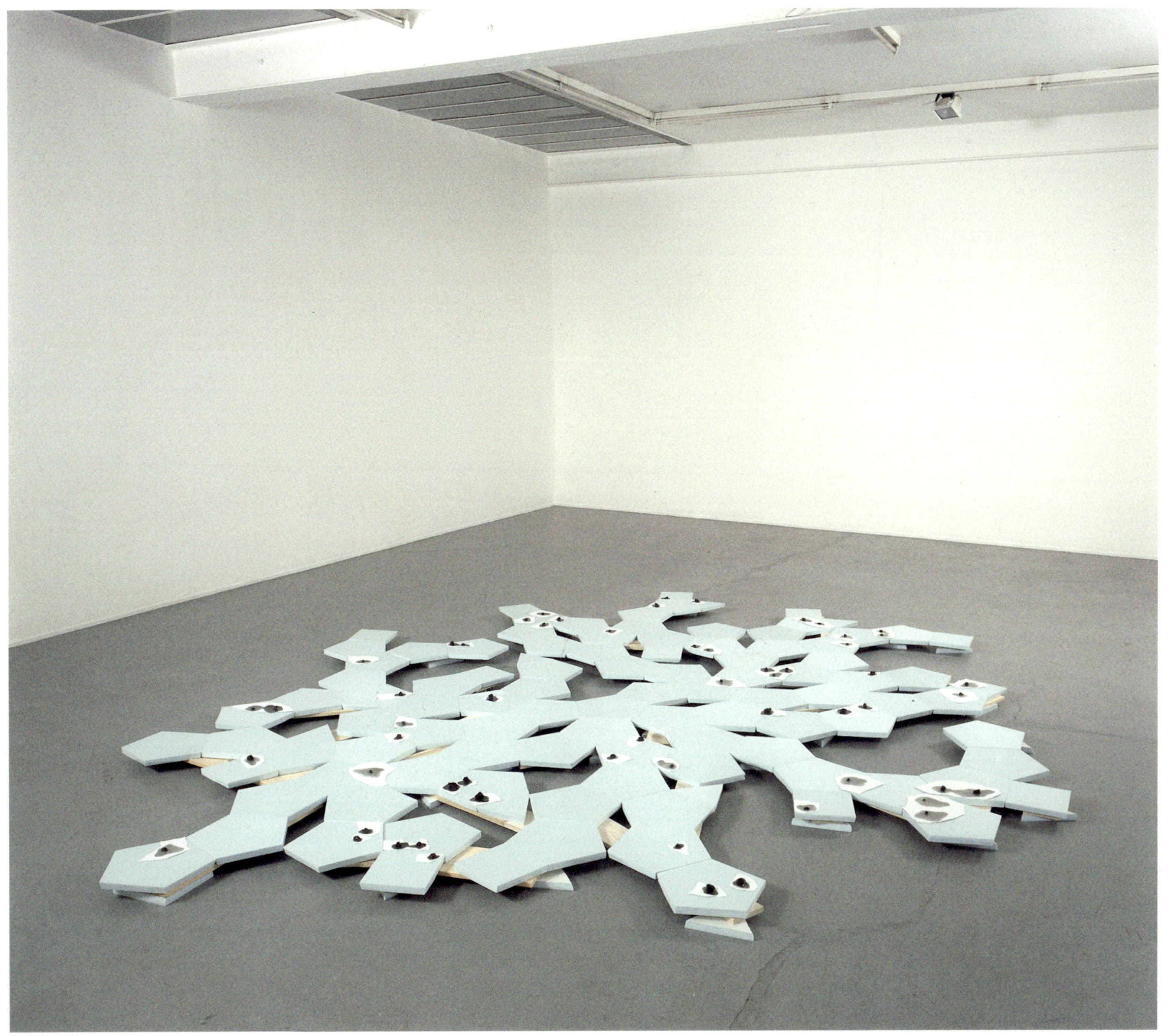

Spread, 1997, Gepresstes Polystyrene, Papier, Harz, Schmutz. Ausstellungsansicht, Galerie Micheline Szwajcer, Antwerpen (zerstört)

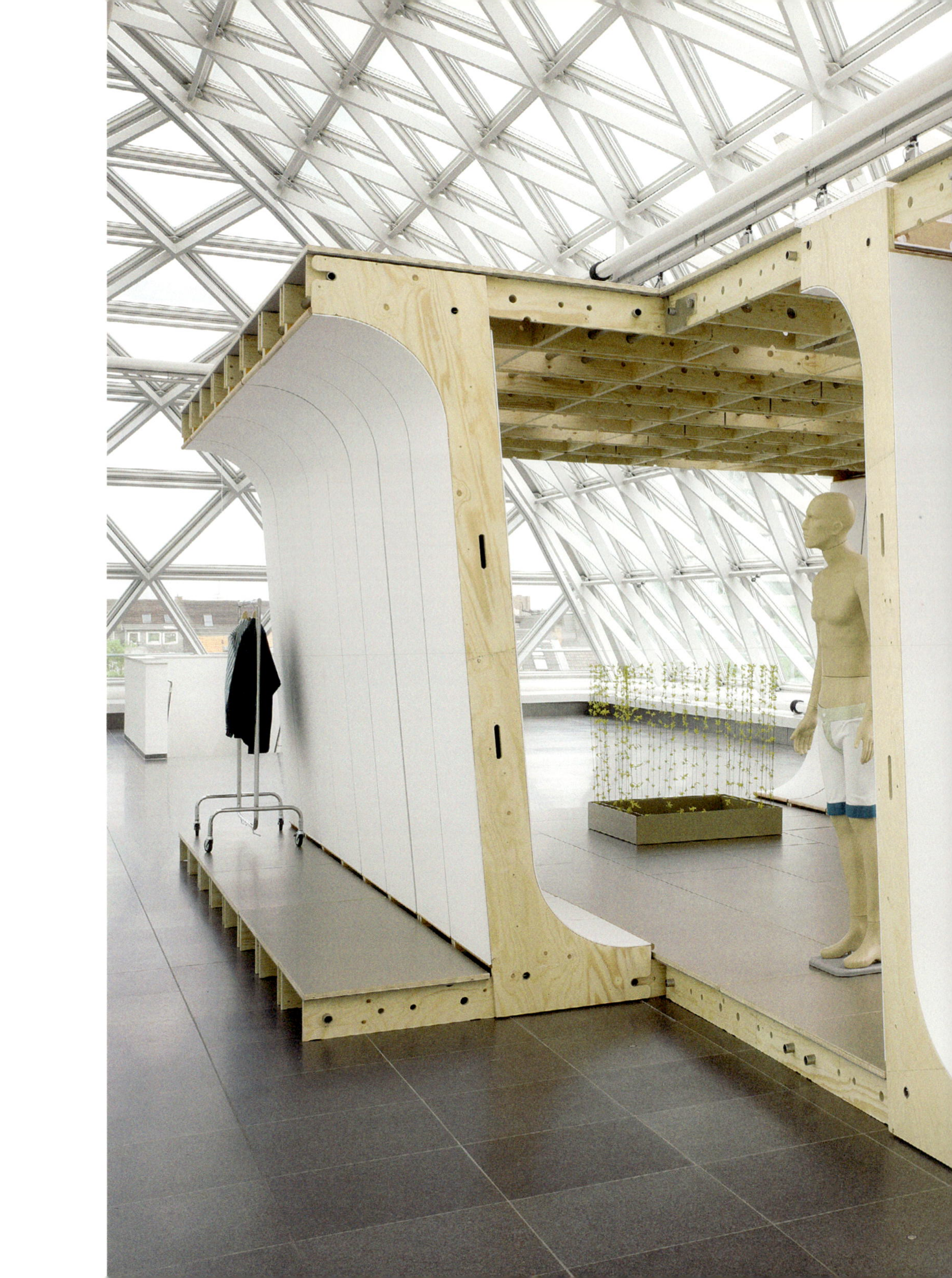

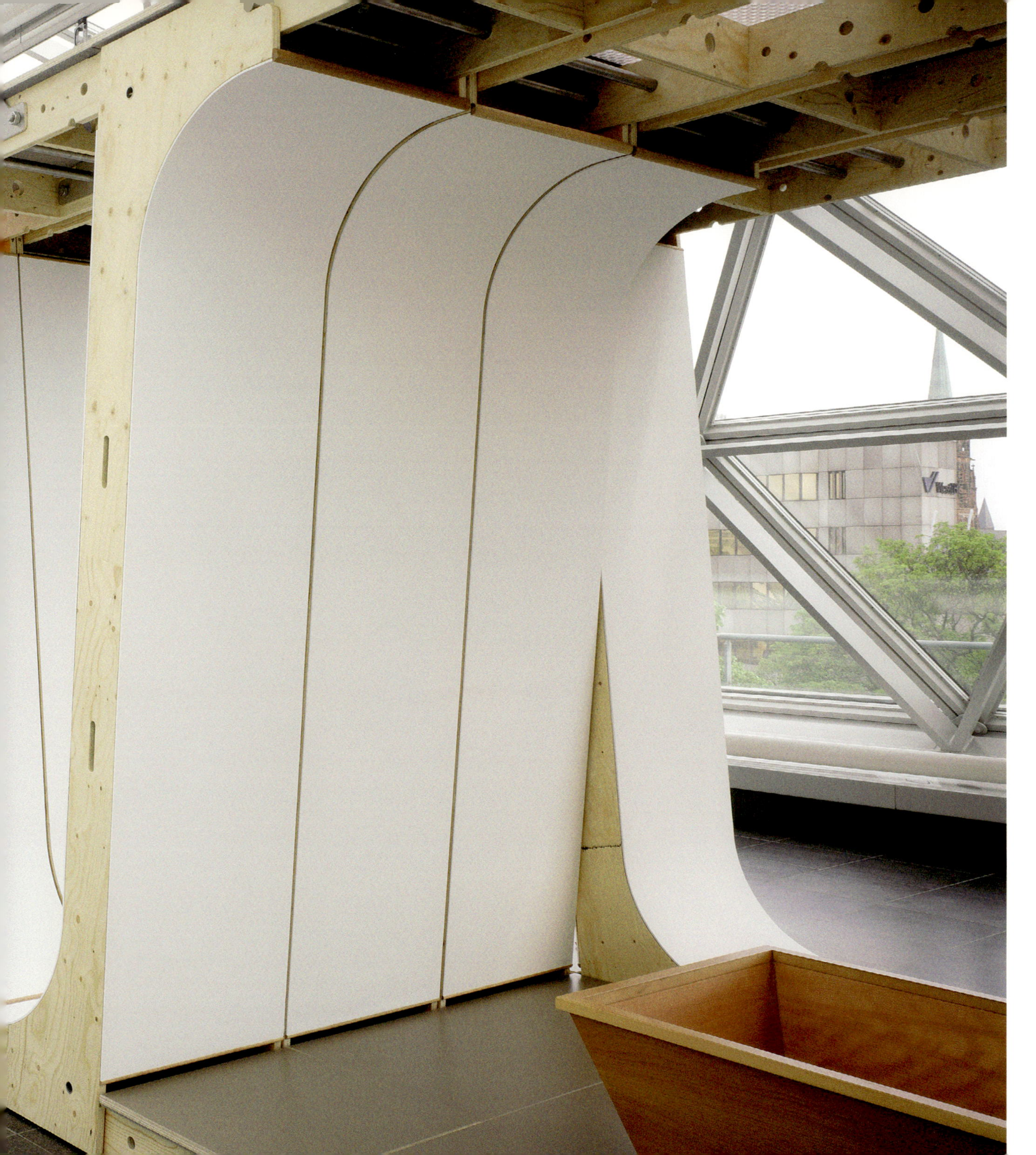

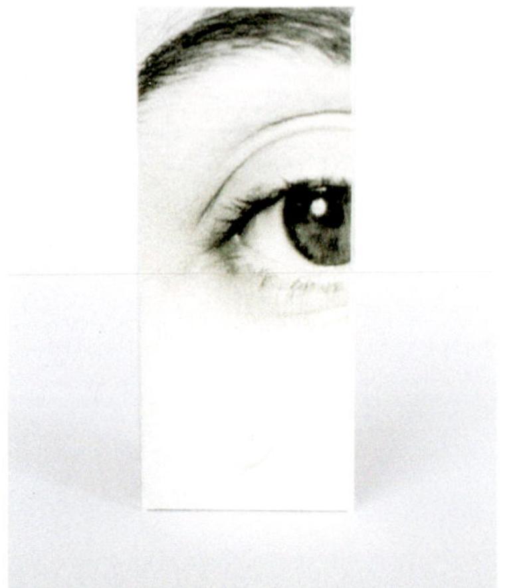
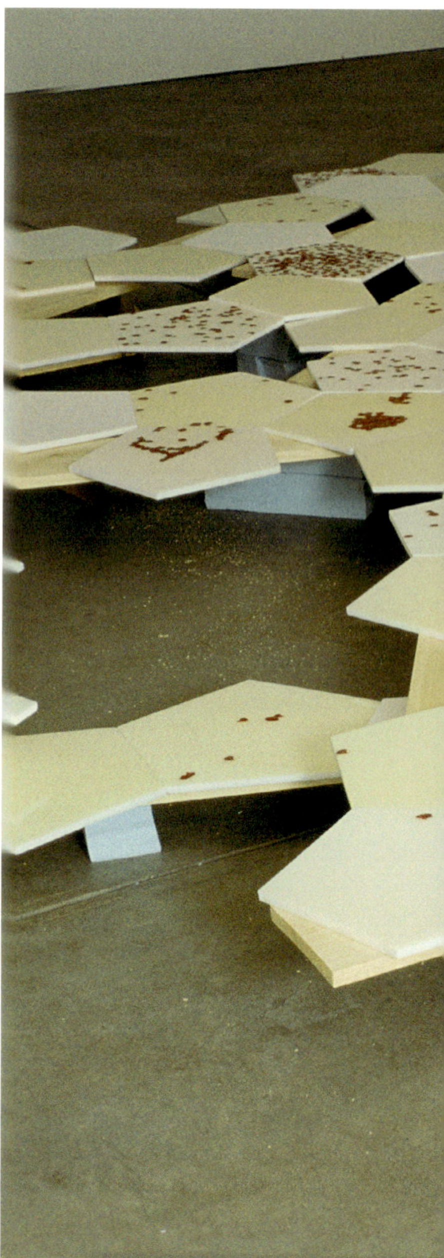

Catalyst, 1999, Offset-Druck auf Karton, Akryl-Tränen, 6 x 3 x 0.6 cm

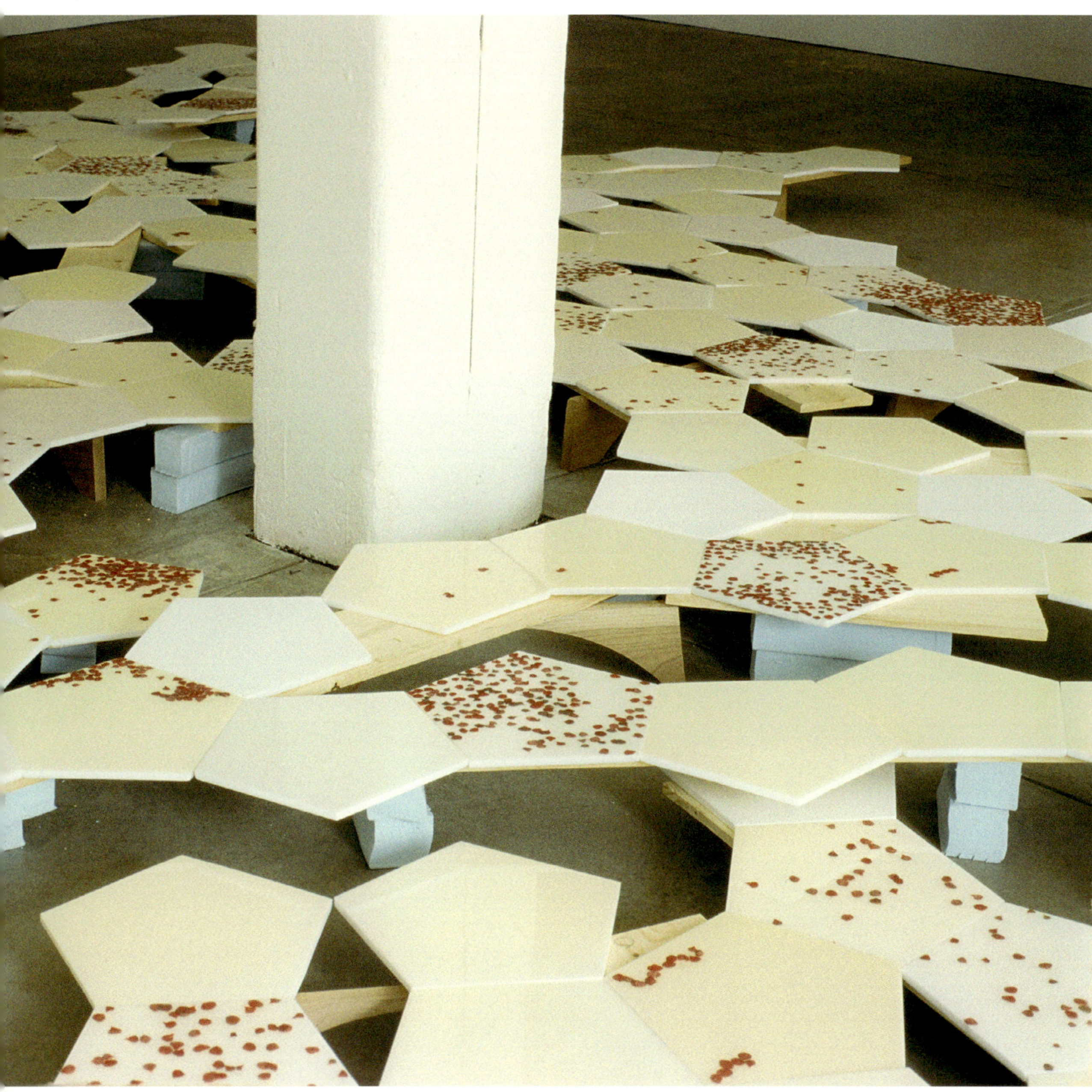

Numerous Incidents, 1997, Gepresstes Aluminium, Stylite, Harz, Geranienblätter. Ausstellungsansicht, 303 Gallery, New York

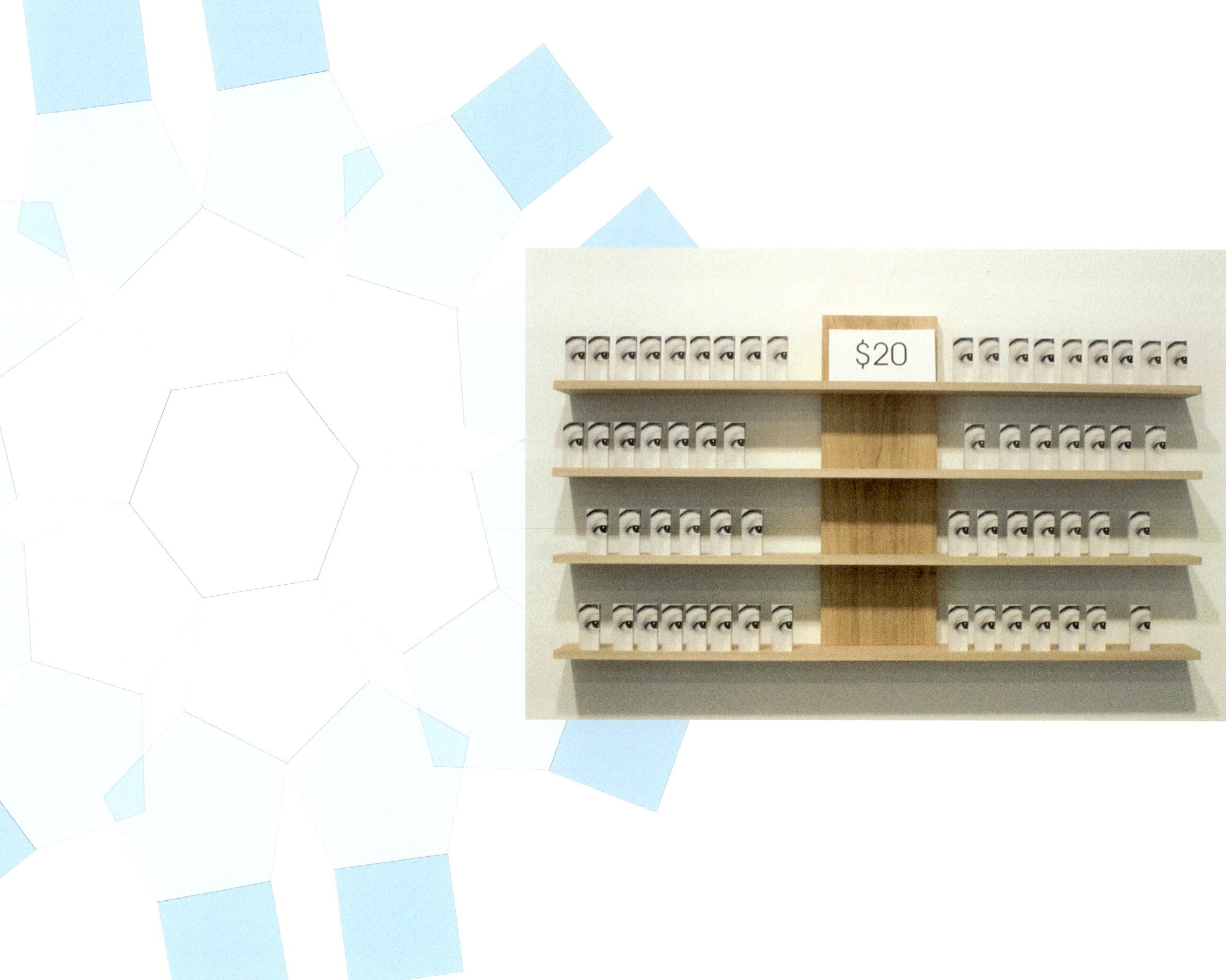

Snowflake #6554, *2007, Digitale Datei*   Catalyst Display, *1999, Catalyst Akryl-Tränen, Holz, Marker auf Karton, 50 x 90 x 8 cm*

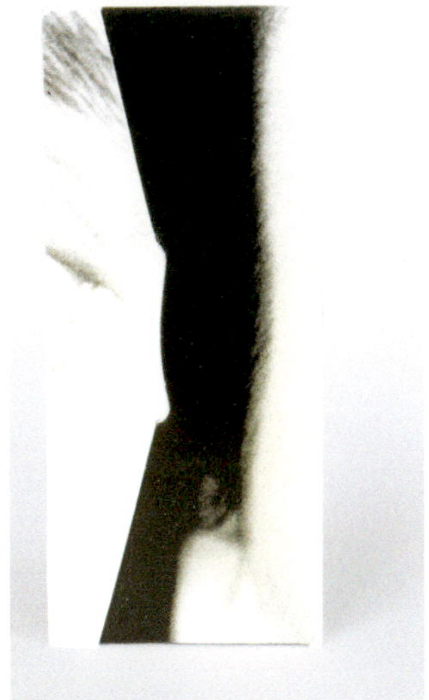

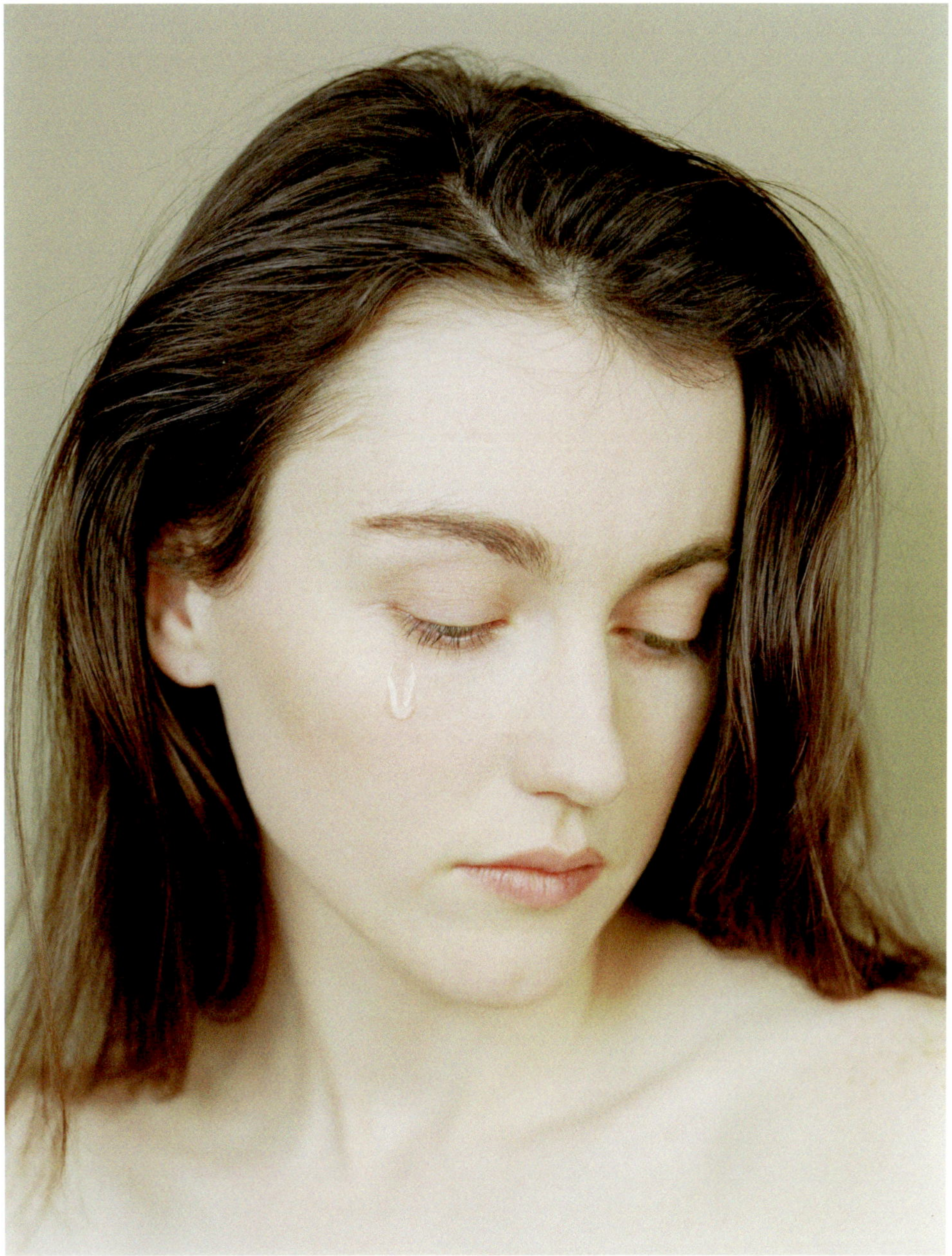

Catalyst (detail), 1999, Offset-Druck auf Karton, Akryl-Tränen, 6 x 3 x 0.6 cm

Ad no. 3, 2006, Duratran, Aluminium, fluoreszierendes Licht, Metallzubehör, 156 x 122 x 20 cm

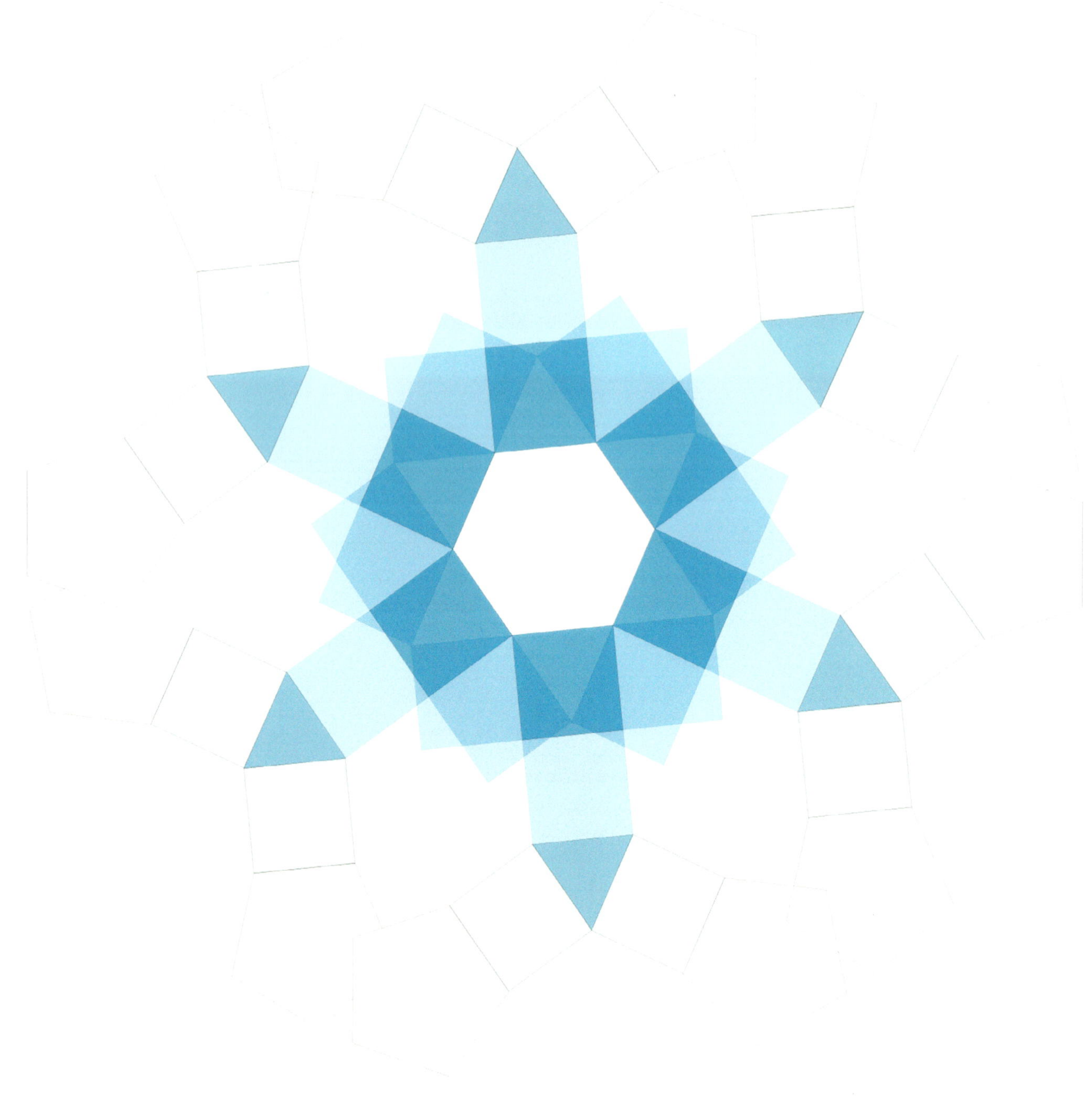

Snowflake #64434, 2007, Digitale Daten

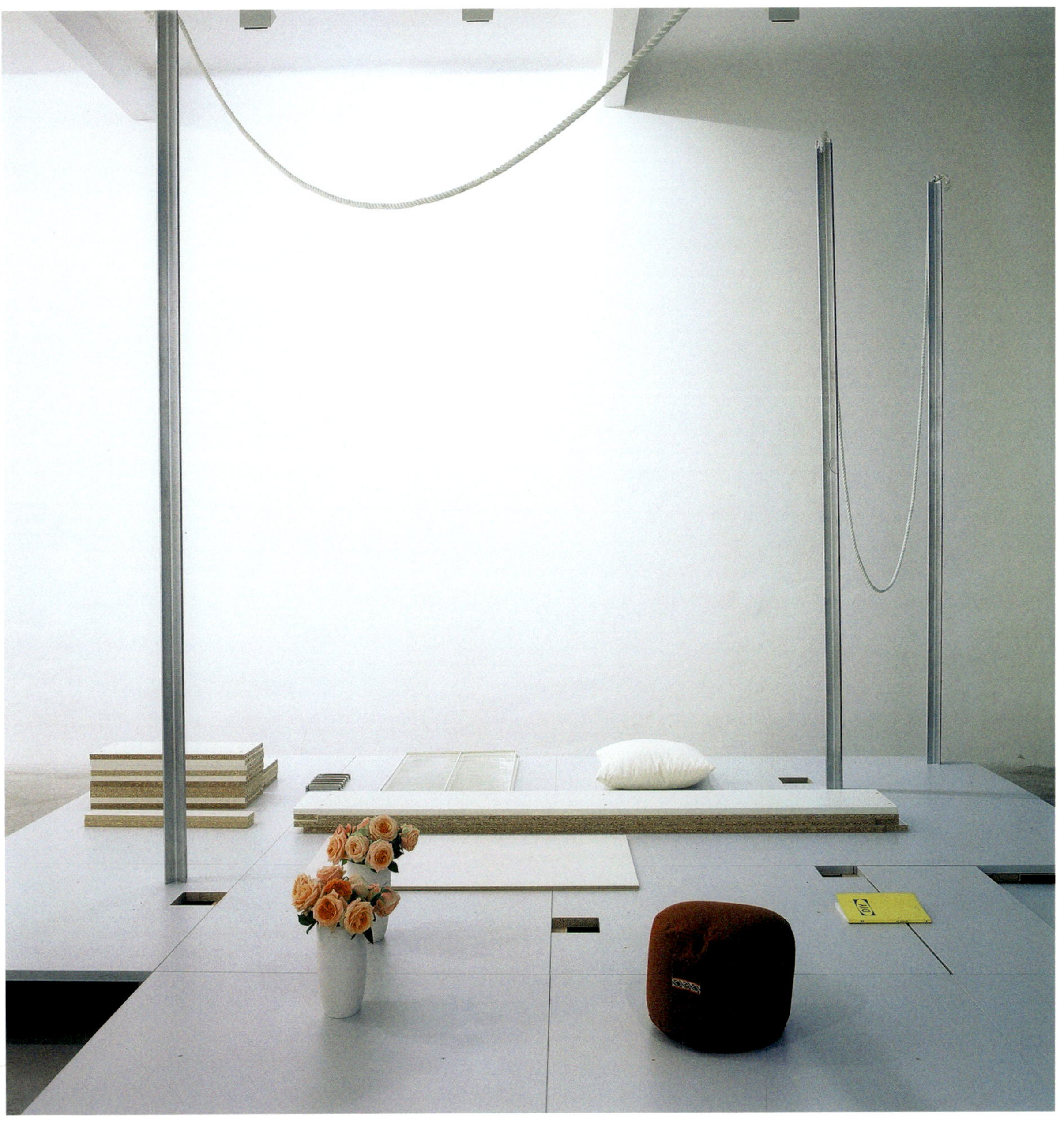

Miesian Gymnasium (detail), 2003, MDF, gepresstes Aluminium, Polyester, Ikea-Teile, DIY-Handbuch, Meditationskissen, frische Blumen.
Ausstellungsansicht, Raum Aktueller Kunst Martin Janda, Wien. Installation variabel

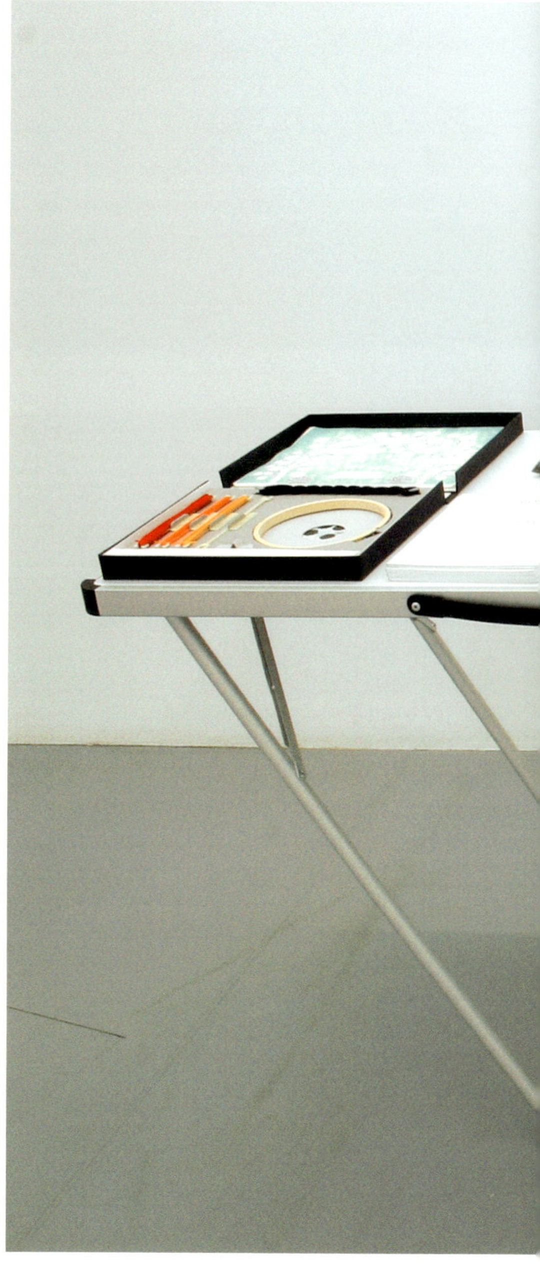

Traveling Salesman, 2006, Aluminium, Presspappe, Melamin, Holz, Pergamin, Museumskarton, Gewebeband, Druckknöpfe, Handelsware, 104 x 182 x 62 cm

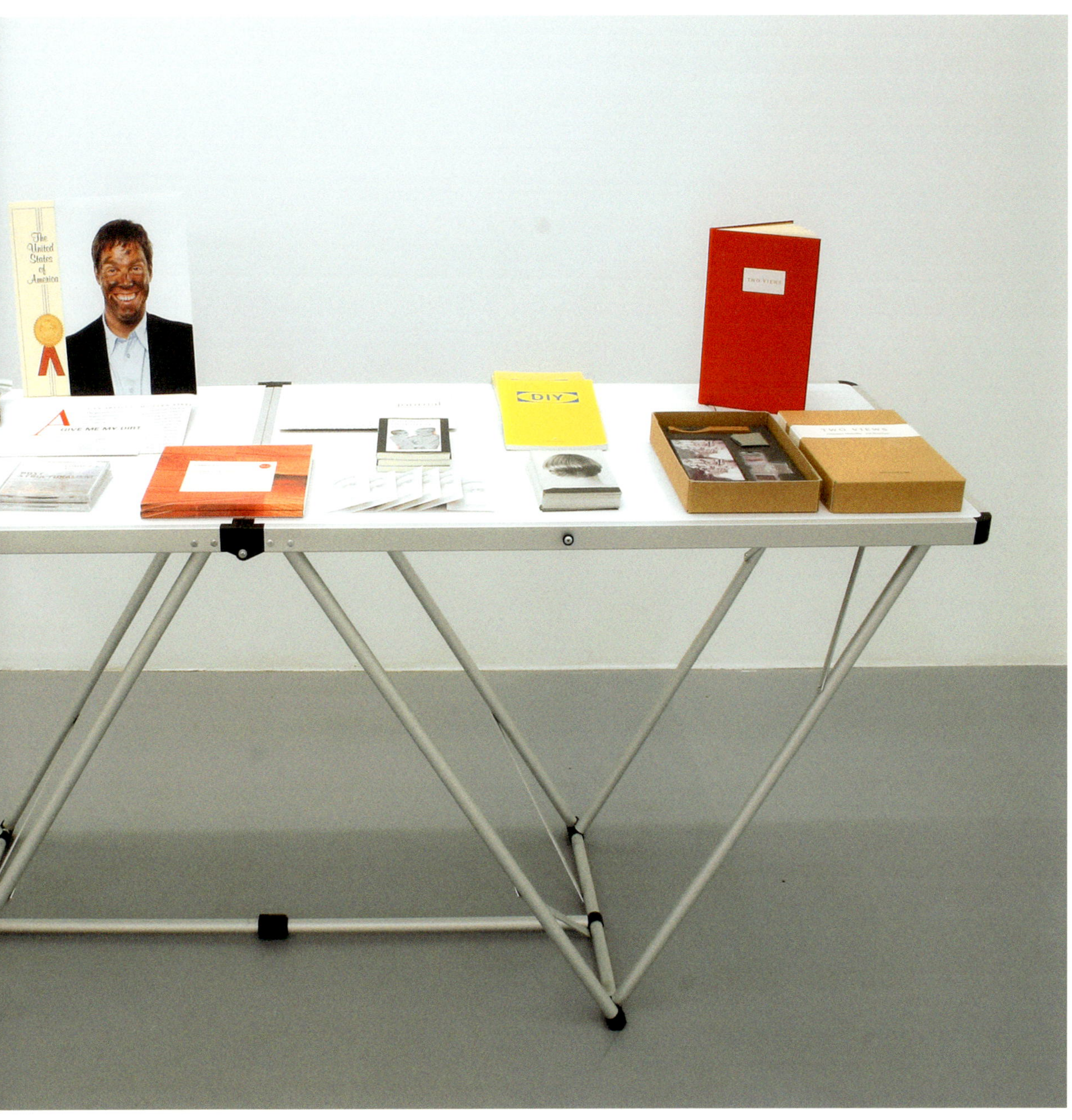

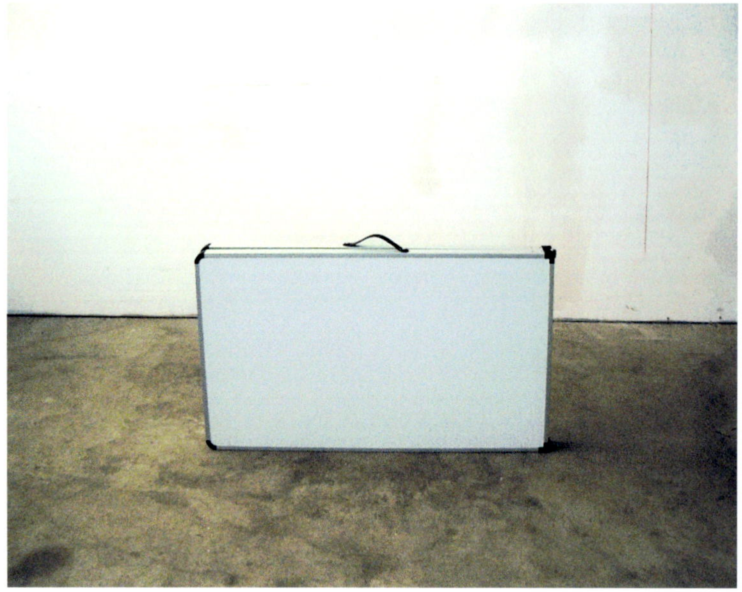

Traveling Salesman (traveling), 2006, Aluminium, Presspappe, Melamin, Holz, Pergamin, Museumskarton, Gewebebeband, Druckknöpfe, Handelsware, 62 x 91 x 7 cm

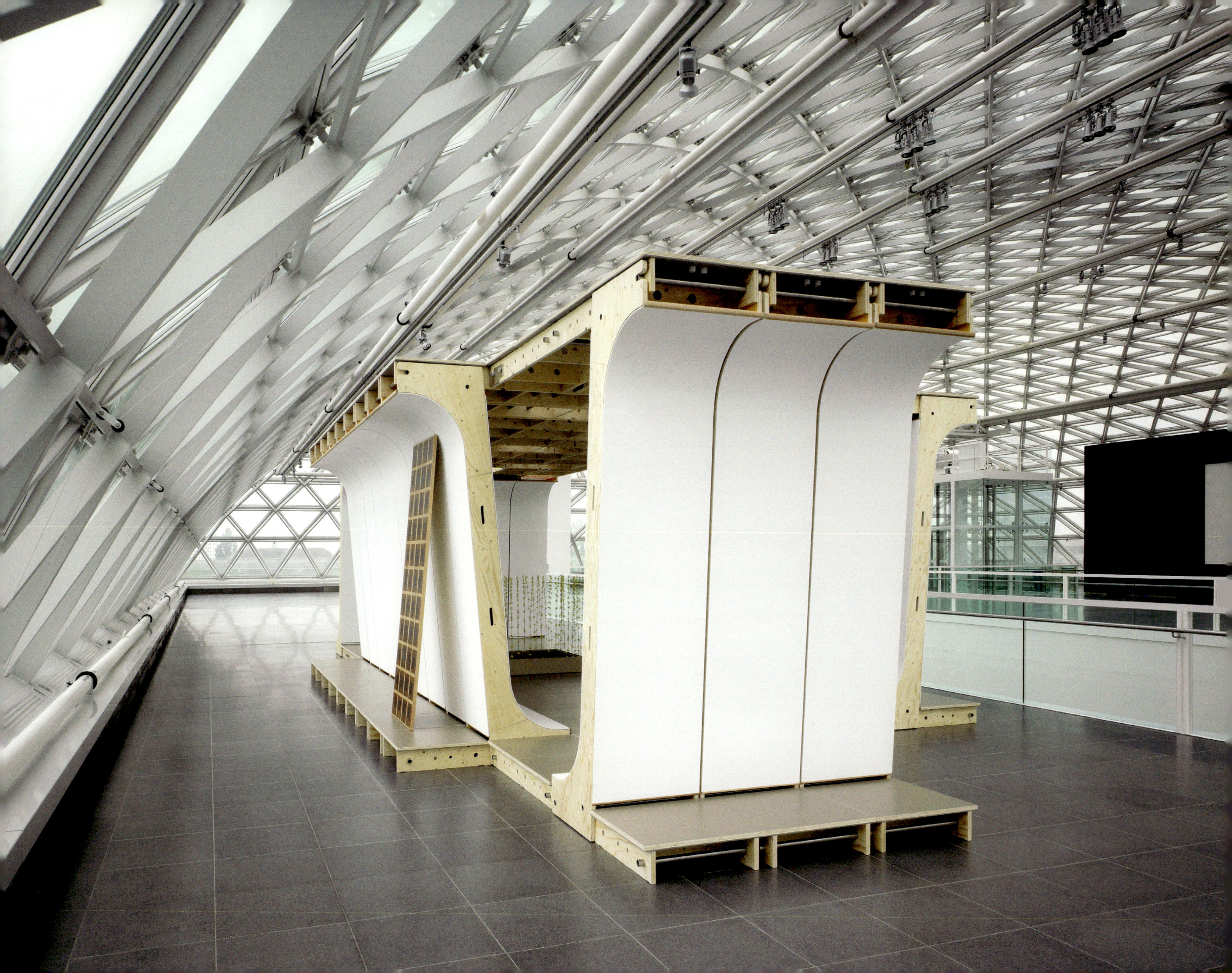

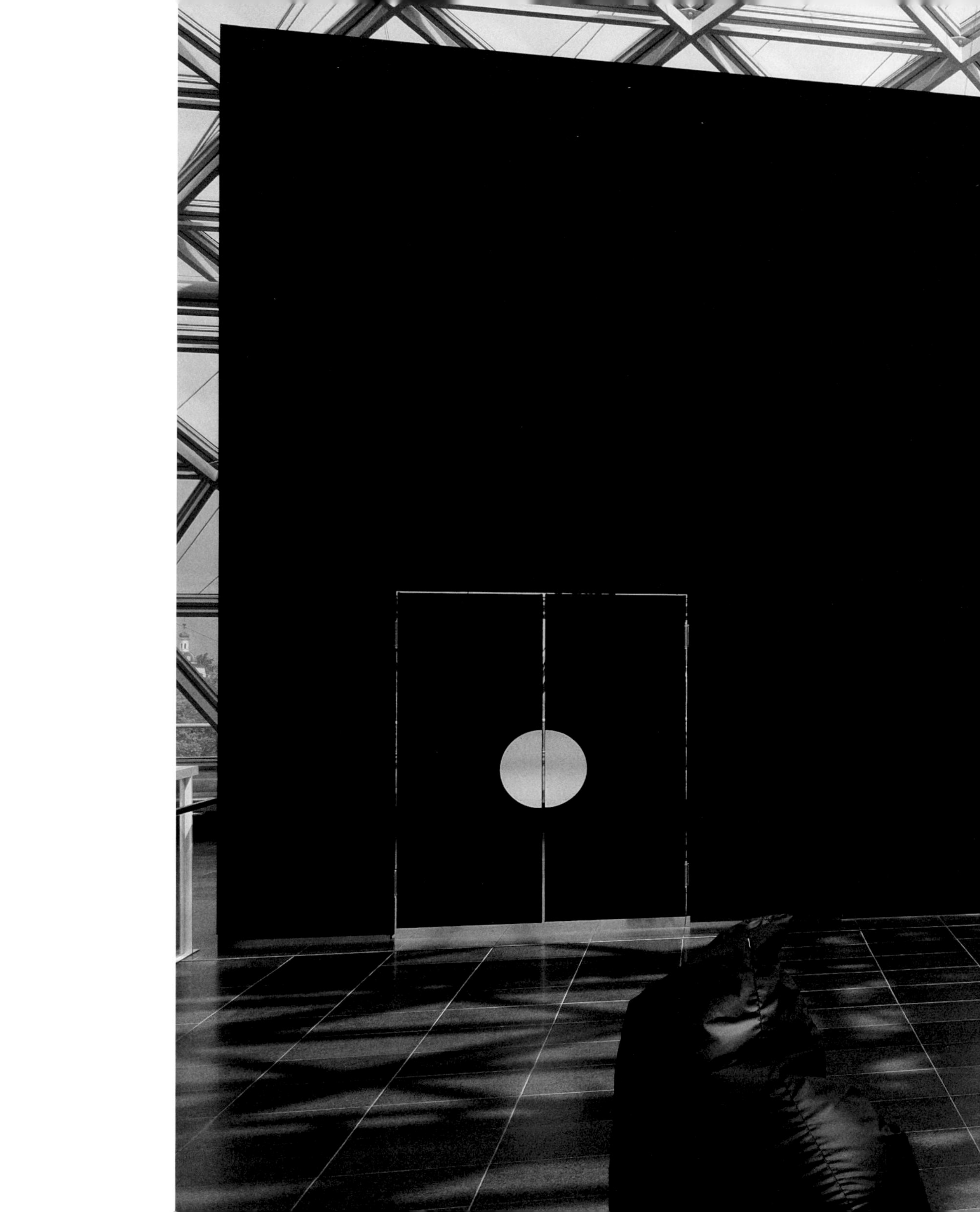

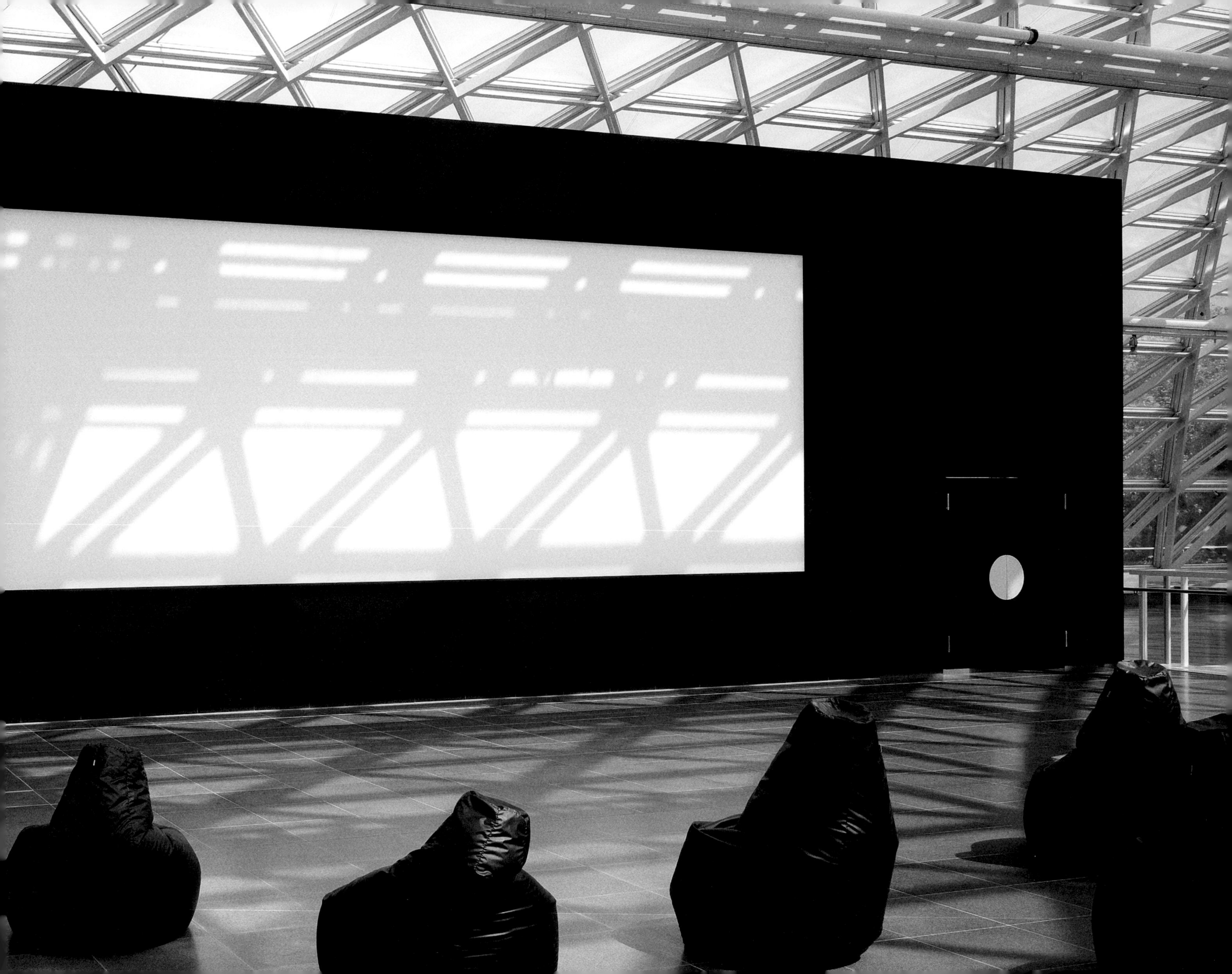

PASSING THROUGH

Joe Scanlan, *im Interview mit* Julian Heynen

Joe Scanlan Der Raum unter der Kuppel von K21 ist eindrucksvoll; zu eindrucksvoll, könnte man sagen, zumindest zu eindrucksvoll für irgendetwas, das ich gemacht habe. Was hat dich dazu gebracht, mich zu einer Ausstellung für diesen Raum einzuladen?

Julian Heynen Du hast Recht, der Raum unter der Kuppel ist riesig und wird von seiner Stahl- und Glaskonstruktion sowie von der Aussicht auf die Stadt dominiert. Von Anfang an hatte ich das Gefühl, dass es ein Raum ist, der sich nicht besonders dafür eignet, hier Werke der Sammlung zu zeigen. Stattdessen sah ich ihn als eine Art – allerdings ziemlich großen – Projektraum. Für diesen Raum müssten Werke eigens geschaffen werden. Vielleicht war es eine instinktive Reaktion, dass mir schon sehr früh deine Arbeiten in den Sinn kamen. Wir wissen, dass enorm große Räume auch gute Künstler in unguter Weise herausfordern können. Es gibt die Versuchung, mit der schieren Größe eines solchen Raumes wetteifern zu wollen und die eigene Arbeit entsprechend zu vergrößern. Die Projekte in der Turbinenhalle von Tate Modern in London z. B. sind meiner Meinung nach nicht immer frei davon. Deine Arbeit, deine Herangehensweise an Kunst ist völlig anders. Sie ist bescheiden, hat einen menschlichen Maßstab und kommt manchmal sozusagen durch die Hintertür. Ich habe wohl erwartet, dass du unter den allzu offensichtlichen Lösungen für solch einem Raum hindurchtauchen, seine Herausforderung gewissermaßen umgehen und an einer unerwarteten Stelle wieder auftauchen würdest.

Das Projekt für den Kuppelraum hat schon eine etwas längere Geschichte. Einer deiner früheren Vorschläge war, etwas zu schaffen, das du Zen Arcade gennant hast. Kannst du einige der Ideen beschreiben, die dahinter standen, denn mir kommt es so vor, als ob Ähnlichkeiten zwischen diesem frühen Projekt und Passing Through bestehen?

JS Ich mag den Blick auf die Stadt. Es ist eine nette Überraschung, ein Museum zu betreten, sich hindurch zu bewegen, nur um schliesslich bei einem weiten Überblick über das anzulangen, wo man hergekommen ist. Wenn ich in Düsseldorf leben würde, könnte ich mir vorstellen, wie ich nach einer Stunde oder so auf dem Dachgeschoss ankommen und über die Dächer in die Richtung schauen würde, wo ich wohne. Einfach so in die Ferne blicken und dabei versuchen, sich daran zu erinnern, was sich in meinem Kühlschrank befindet und ob ich auf dem Heimweg noch irgendetwas besorgen sollte.

Der Raum ist gut dazu geeignet, dir auzudenken, wo du als nächstes hingehst, dir einen anderen Ort vorzustellen. Sobald du aus dem Aufzug herauskommst, weißt du, was du zu tun hast: den Raum durchqueren und dann weggehen. So gesehen ist es wie in einem Flughafen. Du spürst, dass der Raum nicht speziell für dich geschaffen wurde, sondern für hunderte und tausende von deiner Sorte, damit sie sich hindurchbewegen.

Zen Arcade stand am Anfang meiner Überlegungen, wie man die Dinge etwas verlangsamen und einen Teil des Kuppelraums kontemplativ und nützlich machen könnte. Der Ausgangspunkt war eine Vermischung von Einflüssen, die damals irgendwie miteinander zu tun zu haben schienen. Als erstes war da das Doppelalbum gleichen Titels von Hüsker Dü. Ich habe es mir in der Anomie am Anfang der Präsidentschaft von Bush oft angehört. Ich denke, ich brauchte diesen Sound des In-den-Abgrund-geschleudert-werdens, verwirrt und wütend zu sein und dann diese Rauheit, die in eine kindliche Verwunderung darüber gleitet, wie ungeheuer beschissen die Dinge sind. Das Album kann wirklich deine Chemie ändern; für mich ist es ein Sound-Medikament, das eine tiefe Verzweiflung erträglich macht. Wie auch immer, gleichzeitig habe ich mich mit Lilly Reichs frühen Entwürfen für Warenmessen beschäftigt und *The Dialectics of Seeing*, Susan Buck Morss' Buch über Walter Benjamins *Passagenprojekt*, gelesen, wobei mir der Mix von Ehrfurcht, technischer Verfeinerung und realem Verfall gefiel. Der elegante Nihilismus eines Spaziergangs unter der massiven Glaskuppel von K21, bei dem man sich treiben lässt und von diesem und jenem abgelenkt wird, schien da sehr gut zu passen. Außerdem ist es einfach ein schöner Ausdruck: *Zen Arcade*. Ich mag, wie in ihm Meditation und Schaufensterbummel zur Kollision kommen, zwei Arten des Aufnahmevermögens, die ein ähnlich abgeklärtes Empfinden besitzen, und doch philosophisch entgegengesetzt sind.

> *JH In den frühen achtziger Jahren hatte ich den Kontakt zur zeitgenössischen Popmusik schon verloren. Also kann ich mir den Effekt der Platte von Hüsker Dü als Heilmittel gegen politische Depression nur vorstellen. Ich sollte mir dieses Stück Musik besorgen; könnte beim nächsten Mal nützlich sein. – Ich mag Deine Beschreibung des ›eleganten Nihilismus‹, wenn man unter der Kuppel flaniert, weil er heutzutage eine unserer gebräuchlicheren Reaktionen auf politische*

> *und soziale Verwerfungen zu sein scheint, ein nachdenklicher Konsumismus, eine Flucht, die schon im Ansatz hoffnungslos, aber dennoch tröstlich ist. Du sagst, Meditation und Schaufensterbummel seien philosophisch entgegengesetzt. Ist es nicht so, dass du grundsätzlich in deinem Werk immer wieder solche scheinbaren oder tatsächlichen Widersprüche untersuchst?*

JS In der Tat! Das hat seinen Ursprung in der grundlegenden Erkenntnis, dass ich oft nicht weiß, was ich tue, oder in der Folge das, was ich getan habe, ziemlich anders ist als wie ich gedacht habe. Diese grundsätzliche Unsicherheit hat für mich ihre Wurzeln in der Dialektik der Dinge, die ich für Geld, und der Dinge, die ich für die Kunst tue. Ich musste immer Geld verdienen, um zu leben – eine nur allzu geläufige Notwendigkeit -, aber in der Kunst existiert immer noch eine unsichtbare, prophylaktische Trennung zwischen dieser Notwendigkeit und der nobleren Anstrengung, Kunst zu machen. Meine allerersten Arbeiten – die, die mit meinem Apartment zu tun hatten - *Extended-wear Underwear, Starter Pot, Bathroom Floor* – waren ein Versuch, einen dritten Ort für Kunstwerke zu schaffen, sie an einer Stelle anzusiedeln, an der sie von Ökonomie beeinflusst, aber nicht von ihr erstickt würden. Während also das primäre Motiv für diese Arbeiten ökonomisch war, d. h. Dinge nicht kaufen und deswegen einen Job haben zu müssen, um sie sich leisten zu können, waren sie bis zur Absurdität rational und schließlich mehr poetisch als ökonomisch. Bis heute kann bei mir Ökonomie sehr poetisch und Poesie sehr profitabel sein, ganz gleich, ob ich falsche Forsythien, *Nesting Bookcases*, künstliche Tränen oder Dreck herstelle. Das geht bis zu dem Punkt, an dem ich mir wegen dieser Unterscheidung keine Sorgen mehr mache; ich arbeite einfach.

Ich stelle mir vor, dass dieser Optimismus oder diese Freiheit, wenn wir es so nennen wollen, besonders gut ist für Individuen, die im kleinen Maßstab arbeiten. Dabei denke ich an Agnes Martin, David Hammons oder On Kawara, Künstler, deren Werke in gewisser Weise gleichgültig gegenüber der Frage sind, ob sie als Kunst gelten oder nicht. Eine gewisse Art von Rückzug, ja, von Solipsismus ist allerdings wichtig, um nicht zu wissen oder sich nicht darum zu kümmern, worauf es hinausläuft. Wenn man dieses oder jenes Kunstwerk dann ausstellt, hilft es, den Kontrast zwischen der Erzählung von der einzelnen Person und den Erfordernissen einer Galerie, des Kinos oder

der Straße zu betonen. Ich bin der Kunstwelt gegenüber per se immer ziemlich ambivalent gewesen, aber in letzter Zeit fasziniert sie mich sehr als ein Platz, an dem Zusammenstöße von Maßstab und Absicht, Geld und Poesie, Kontrolle und Wendigkeit, Konsum und Display aufgeführt werden.

JH In einigen früheren Arbeiten hast du die traditionelle kritische Sicht auf das Verhältnis von Ideologie und Kunst bzw. Ökonomie und Kunst neu interpretiert. Ich denke z. B. an dein Remake einer Mike Kelley-Arbeit unter dem Titel Pay For Your Pleasure (reprise), *1998, oder das Projekt einer Zeitschrift mit dem Titel* Commerce, *1999, deren erste Ausgabe auf dem Cover wie die Kunst- und Theoriezeitschrift* October *gestaltet war. Kannst du deine ›optimistische‹ Haltung zur Existenz der Kunst unter den Bedingungen des Kapitalismus etwas genauer erläutern, und zwar auch in Beziehung zu den Anfängen deines Projektes für den Kuppelraum von K21, bei dem die Kunstwerke gegen ihr Display als Konsumgüter ausbalanciert wurden? Was ist für dich der mögliche Vorteil einer solchen (kommerziellen) Präsentation gegenüber der üblichen musealen?*

JS Ich fürchte, dass ich hierauf eine lange Antwort geben muss, die am Ende womöglich inadäquat ist, aber ich möchte die Frage von Kunst und Kapitalismus so gut wie möglich behandeln, eben weil es so ein heikles Thema ist. Bei einigen der Argumente, die ich vorbringe, fühle ich mich selbst etwas unbehaglich. Im Herzen bin ich ein altmodischer Connaisseur und völlig glücklich damit, einen Richard Deacon oder einen späten DeKooning anzuschauen anstatt über Geld und Politik zu diskutieren. Dennoch ist mir schmerzlich bewusst, dass wir heute in einer anderen Realität leben und ich glaube, dass meine Argumente auch vorgetragen werden sollten, einmal weil ich denke, dass das reine Streben nach Geld häufig die Quelle großen Wissens und großer Schönheit ist, und zum anderen, weil es der vierzigjährigen Geschichte der marxistisch orientierten Institutionellen Kritik eine neue Facette hinzufügt. Denn seien wir mal ehrlich: Die Institutionelle Kritik hat ziemlich wenig dazu beigetragen, die politische Ökonomie der Kunst zu verändern. Ich habe mich immer für das Thema Kunst als Kritik, als Forum für Gegenvorschläge zur Gesellschaft, zum Leben, zu den Konventionen der Kunst engagiert. Aber die Verachtung des Geldes und des Gelderwerbs, sei es als Sozialist, als Dilettant oder als fest angestellter Professor, ist keine brauchbare

Durchführung dieser Kritik mehr. Alle unterstellen, dass der Künstler entweder naiv oder gleichgültig der Frage gegenüber ist, woher das Geld kommt – beides sind ziemlich unredliche Ausgangspunkte für die Unterstützung des Marxismus.

Ich denke, dass es besser ist, mit dem Kapitalismus umzugehen, indem ich ihn bewohne, indem ich meine eigenen Produkte als mögliche Einkommensquelle erfinde und sie dann in einer Art und Weise zirkulieren lasse, dass sie von Zeit zu Zeit die Kunstwelt passieren - so wie sie es sollten. Einige meiner besten Produkte sind Kunstwerke.

Diese Sicht der Dinge hat sich über die Jahre durch eine Konstellation von Einflüssen gebildet. Der erste und älteste ist die Fessel, die die poststrukturalistische Theorie und die Strategie der Appropriation der Kunst auferlegt haben. Auf der einen Seite destabilisierte der Poststrukturalismus die Legitimität kultureller Autorität, indem er alternative Kulturen und alternative Perspektiven aufwertete. Zu fast der gleichen Zeit und im gleichen Atemzug verschaffte die Strategie der Appropriation der Kunst die Lizenz, sich aus dieser Unzahl von Perspektiven etwas herauszupicken und es der Hochkunst zu assimilieren, womit sie die Idee einer höchsten kulturellen Autorität mit gerade den Artefakten wieder in ihr Recht setzt, die sie zuvor herausgefordert hatte. Wer also gewinnt diesen Machtkampf: die Kulturen, die diese kulturellen Artefakte entwerfen, produzieren und zerstören, oder die Kultur, die sie auswählt und konserviert? Um Machiavelli zu paraphrasieren, den ich in *Pay For Your Pleasure (reprise)* zitiere: Kunst kann die Macht der Konsumgesellschaft nicht anerkennen, ohne sich dieser Macht selbst zu unterwerfen. Die Strategie der Appropriation ist ein verlorenes Spiel. Je mehr Dinge sie in die Kunst hineinschleppt, desto mehr Macht gibt die Kunst ab.

Ich möchte für meine Kunst eine Ausstrahlung von Unabhängigkeit und Beweglichkeit, selbst wenn sie sich im Museum befindet. Wenn die Kunst anerkennen muss, dass sie nur ein anderer Teil einer allumfassenden Konsumgesellschaft ist, dann ist ihr einziger Weg zu kultureller Macht, sich in die Gesellschaft einzuklinken. Um noch jemand anderen zu zitieren, der in *Pay For Your Pleasure (reprise)* auftaucht, nämlich Kim Gordon von Sonic Youth: »In gewisser Weise wurde ich mein ganzes Leben lang dazu erzogen, Kunst zu machen ... Ich habe einfach gespürt, dass ich Musik machen sollte. Mir schien es so, als ob das wirklich der nächste Schritt nach der Pop Art sei, nämlich direkt in eine populäre Form der Kultur einzusteigen anstatt sie zu kommentieren.« Es geht darum, neue Ideen für den Konsum in Umlauf zu bringen. Es geht darum, die Richtung oder den Fluss der politischen Ökonomie der Kunst zu verändern, indem man versucht, Dinge zu machen, die als Kunst beginnen, hinaus in die Welt fließen und ebenso als Kunst im Museum enden können.

In mancher Hinsicht finde ich das Unternehmertum dynamischer und ausdauernder als die Kunst. Heutzutage folgt die Kunst mehr oder weniger einem Modezyklus. Selbst der konservativste Anleger von Risikokapital jedoch gibt einer Idee fünf Jahre, um sich auszuzahlen. Auf diese Weise kommt der Kapitalismus dem Risiko und dem Zufall stärker entgegen als die Kunst. Der Kapitalismus nimmt solche Risiken als selbstverständlich auf sich, ja, er betrachtet sie als eine Frage des Überlebens. Das ist es, was Joseph Schumpeter in seiner Analyse der Geschäftszyklen und in seinem Konzept der kreativen Destruktion sagt, die das ziemlich genaue kapitalistische Gegenstück zur Avantgarde darstellt. Kennst du seine Schriften? Er lehrte zwischen den Weltkriegen eine zeitlang gleich hier um die Ecke an der Bonner Universität.

JH Leider nein, obwohl ich von seinem Konzept der kreativen Destruktion schon gehört habe. Als ich kürzlich auf Deine Paraphrase eines Textes von Schumpeter stieß, wurde mir wieder bewusst, wie wenig ich tatsächlich über ökonomische Theorien weiß, obwohl ich es gewohnt bin, Kunst auch in wirtschaftlichen Zusammenhängen zu sehen und zu diskutieren. Diese Umformulierung von Schumpeter, in der Du seine Theorie vom Wesen des Kapitalismus als einer kreativen Destruktion auf die Kunst anwendest, ist nicht nur interessant im Hinblick darauf, was du (und er) sagen, sondern auch wie du zu diesem neuen Text gelangst. Du hast ein paar grundlegende Passagen von Schumpeter ausgewählt und dann Teile davon umgestellt, verändert, umgeschrieben sowie Worte und Satzteile hinzugefügt, um den Text á jour zu bringen und ihn so einzurichten, dass das Argument auch auf die Kunst anwendbar ist. Das liest sich vollkommen flüssig, aber deine Eingriffe sind durch verschiedene Blautöne gekennzeichnet. Das Schriftbild sieht sehr schön aus, und auch ohne die Bedeutung der blauen Passagen zu kennen, spürt man, dass der Text sozusagen im Fluss ist. Er ist sehr klar, aber nicht autoritär. Er entwickelt sich, indem er an vorhandenen Ideen entlanggeht, sie infiltriert und sie einen Schritt weiter oder auch zur Seite hin entwickelt. Man ›sieht‹, dass das, was gesagt wird, ein evolutionärer Prozess ist, das Bemühen von mehreren. Diese Vorgehensweise erinnert mich z. B. auch an Deine frühen Arbeiten mit Kompost (Potting Soil, 1989-1995) und wie sie durch verschiedene Situationen ›wandern‹, sich ihnen anpassen und sie jedes mal verändern.*

Lass uns von hier übergehen zum Pavillon und zum Kino, die du für den Kuppelraum von K21 entworfen hast und zu den mehr theoretischen Fragen später zurückkehren. Du hast die erste Idee zu diesem Projekt schon erwähnt, die sogenannte Zen Arcade. Später hat sich der Plan in gewisser Weise verändert, die Dinge sind im wahrsten Sinne des Wortes in Bewegung geraten. Eine zeitlang haben wir das neue Konzept scherzhaft »Architektur, die spazieren geht« genannt.

JS Ich wollte den Maßstab des riesigen Raums unter der Kuppel herunterfahren, aber es schien nicht dynamisch oder interessant genug zu sein, einfach einen kleinen Raum in den großen Raum hineinzusetzen. An meinem Computer habe ich mit verschiedenen, freistehenden Wänden und Sichtplatten experimentiert (wahrscheinlich unter dem fortdauernden Einfluss von Lilly Reich); sie sollten dazu dienen, den Raum zu zähmen, indem zeitweise einige Teile von ihm dem Blick entzogen werden, wie bei den Scheuklappen für Pferde. Das war aber nicht so interessant, die Dinger sahen wie überzogene Ellsworth Kelly-Bilder auf Beinen aus. Also bin ich zu der Idee eines Raumes zurückgekehrt, aber ich wollte, dass er eine Freiheit, etwas Launiges bekommt, das die Architektur des Museums nicht besitzt. Wie wäre es mit einem kleinen Ausstellungsraum, etwa 40 Quadratmeter, der allerdings so gestaltet sein müsste, dass das ganze Ding unter der Kuppel ›spazieren gehen‹ kann so wie es auch die Museumsbesucher dort tun? Auf diese Weise würde der Pavillon, während man durch ihn hindurchgeht, durch das Museum wandern, das, da es auf der Erde steht, sich durch den Weltraum bewegt.

Das ist der Punkt, wo das Kino ins Spiel kommt. Sein ›bewegtes Bild‹ ist nichts weiter als das Spiel des Sonnenlichtes, das durch das Dach von K21 fällt und über die Leinwand gleitet. So wie die Wolken, Tage und Jahreszeiten vorüberziehen, wird sich die Intensität und die Kameraeinstellung des ›Films‹ verändern. Jeder, der dazu Zeit und Lust hat, kann in einem komfortablen Sitz und solange das Museum geöffnet ist soviel von diesem ›Film‹ sehen, wie er möchte. Anstatt auf dem obersten Stockwerk des Museums anzukommen, eine Runde zu drehen und dann nach Hause zu gehen, könnte man sich stundenlang den ›Film‹ ansehen und darüber nachdenken, dass man selbst, der Pavillon und das Museum durch den Weltraum sausen.

JH Es hat einige Zeit gedauert, den Pavillon zu entwerfen, da er, um ›spazieren zu gehen‹, leicht und modular sein muss. Es gab verschiedene Ansätze, einige waren ziemlich ausgefallen. Am Ende bist du zu einem verhältnismäßig einfachen, aber eleganten Entwurf mit nur drei Bauteilen zurückgekommen. Was waren die Leitideen beim Entwurfsprozess, und wie gestaltete sich deine Zusammenarbeit mit den Architekten Dirk Lüderwaldt und Jupp Verhoff?

JS Einige der ursprünglichen Ideen waren wirklich ausgefallen. Die Herausforderung bestand immer darin, ein statisch solides, wetterbeständiges Stück Architektur zu machen, das gleichzeitig immer wieder auseinandergenommen und erneut zusammengesetzt werden konnte und zwar nicht von einer ganzen Mannschaft mit schwerem Gerät, sondern von ein oder zwei Leuten mit einfachem Werkzeug. Außerdem sollte es nicht in toto wie ein Zelt umgebaut werden, sondern graduell, Stück für Stück, ohne dass die stehen bleibende Struktur beeinträchtigt wird. Darüber hinaus musste diese Architektur die Fähigkeit besitzen, die Richtung zu ändern, d.h. wenn man Teile des Bodens, der Wand und des Daches hinten wegnimmt, sollte man sie parallel oder senkrecht wieder anfügen können. Aber damit noch nicht genug! Ich wollte das mit so wenigen Teilen wie möglich bewerkstelligen und alle Teile sollten wie bei einem Satz von Gegenständen ineinander passen, damit der auseinandergebaute Pavillon bei Lagerung und Transport so wenig Platz wie möglich beansprucht. Ach, und noch eine letzte Sache: Idealer Weise sollten alle Teile sich so überlappen und miteinander verbunden sein, dass man keine Bolzen oder Schrauben braucht.
Von Anfang an haben Dirk Lüderwaldt, Jupp Verhoff und ich sehr gut zusammengearbeitet. Sie hatten gerade ein ziemlich geniales dreistöckiges Treppenhaus aus Kerto-Holz fertiggestellt, das komplett von einer CNC-Maschine zugeschnitten, in einer Werkstatt zusammengebaut und dann in das Haus des Klienten in Köln eingelassen worden war – wie eine riesige Druckerpatrone. Gleich zu Beginn hatten wir eine ziemlich offene Diskussion, als wir nämlich einige meiner fantastischeren Ideen stutzen mussten. Der erste Teil

meines Programms, der aufgegeben wurden, war das Ineinanderpassen der Einzelteile für Lagerung und Transport. Vielleicht kann der Entwurf später einmal weiterentwickelt werden, um das zu ermöglichen, aber jetzt war es wichtiger, sich darauf zu konzentrieren, wie die Struktur stehen und sich bewegen, nicht aber wie sie verschifft werden kann. Das nächste, was rausflog, war mein ziemlich Escherartiges Vorgehen im Hinblick auf die Verbindungen unter den Einzelteilen. Es folgten meine High-end-Fetische, was die Materialien angeht: Karbonfaser, Wabenplatten aus Aluminium, verstärktes Fiberglas. Am Ende hatten wir eine rechtwinkelige Box mit drei Teilen: einem Boden- und Deckenbrett, einem Wandelement und einem Träger.
Dieser Entwurf funktionierte, aber er war etwas langweilig, und so sind wir noch einmal zu einigen der früheren, elaborierteren Entwürfen zurückgekehrt, um herauszufinden, ob etwas von ihnen in unserer zurechtgestutzten Box verwendet werden könnte. Es gab da ein ziemlich außergewöhnlich geformtes Wandelement, das ich gezeichnet hatte – eine Art längliches Z-Profil –, aber als Dirk ein Modell davon machte, blieb es nicht stehen. Es sah jedoch gut aus, und so fingen wir an, darüber nachzudenken, wie man die Tatsache, dass es immer in die selbe Richtung fallen wollte, zu unserem Vorteil machen könnte. Wir – nun, in Wirklichkeit Dirk – fanden ein geniales Ausleger-Bolzen-System, bei dem, sobald der Bolzen an der richtigen Stelle sitzt, das Wandelement aufgerichtet, dann vorsichtig ›fallen‹ gelassen wird und einrastet. Anschliessend kann ein Dachträger am oberen Ende des Wandelementes eingehakt werden, das zur anderen Seite hin ausbalanciert ist, und ebenso in eine feste Position ›fallen‹. Die Gewichte der einzelnen Komponenten arbeiten gegeneinander, um so einen statisch soliden Innenraum zu schaffen. Außerdem funktioniert es auch in die andere Richtung, d.h. das Wandelement ›fällt‹ dann zum Innenraum hin und nicht von ihm weg. Es ergibt sich dabei ein wirklich elegantes Profil, und wenn man es mit einem identischen Element spiegelt, bekommt man einen gleichmäßigen trapezförmigen Querschnitt vom Boden über die Wand zur Decke und wieder über die Wand bis zum Boden.
Wir stellten uns diese Struktur als einen hohlen Strudel vor und jedes modulare Element als eine Scheibe. Da die Struktur modular ist, kann der Innenraum unendlich erweitert werden, indem man immer eine Scheibe an die andere fügt.

JH Was besonders überrascht, ist die extreme Variationsbreite der Formen, die der Pavillon auf diese Weise annehmen, und damit auch der Bewegungen, die er machen kann. In die eine Richtung rückt er eher gemächlich vor, Scheibe für Scheibe, in 70-Zentimeter-Schritten. In die andere Richtung ›springt‹ er gleichsam vorwärts, und zwar um jeweils fünf Meter. Aber nicht nur das. Der Pavillon kann eine einfache Box mit geneigten Wänden sein; seine Wände können zu freistehenden Pfeilern mutieren; sein Grundriss kann aufbrechen und ein offener Plan werden, der eine unerwartete Mies'sche Qualität hat. Ich denke, du hast die absolute Zahl der möglichen Variationen noch nicht berechnet, aber sie scheint fast endlos zu sein. Es ist ein wenig so wie bei deinen Nesting Bookcases: *Du stellst die Grundstruktur des Objektes zur Verfügung, sein ›Leben‹ aber ist von den individuellen Umständen, den Ideen und Entscheidungen derer abhängig, die es besitzen. Was für Leitlinien wird es für den jeweiligen Umbau des Pavillons im Laufe der 18 Monate des Projektes geben? Wer wird entscheiden, wie er sich bewegen soll?*

JS Ich mag die Vorstellung, dass wir mit dem Pavillon ein Alphabet entworfen haben, mit dem die Leute das buchstabieren können, was sie möchten. Ob sie nun die Basiselemente so zusammenfügen, dass etwas Logisches oder etwas Unsinniges entsteht, ist für mich gleichgültig. Ich kann mich über jedes Ergebnis freuen, weil ich darauf vertraue, dass in den Grundeinheiten genug Komplexität steckt, um jede ihrer Kombinationen interessant erscheinen zu lassen. Bei der Frage, wie der Pavillon sich bewegen soll, kann man meiner Meinung nach recht konventionell damit beginnen, dass einige Leute ihn jeweils um eine Scheibe vorrücken, um zu sehen, was dabei herauskommt. Wir wissen ja noch nicht, wie lange es dauert, ihn ab- und wieder aufzubauen oder wie schnell der Pavillon auf seiner Reise durch K21 sich bewegen wird.

Selbst wenn es gut funktioniert und er schnell vorwärtskommt, stellt sich noch die subtilere Frage, ob jemand, der ihn zu einem bestimmten Zeitpunkt sieht, herausfinden kann, was hier vor sich geht. Sollte das aber geschehen, dann stelle ich mir vor, dass die Bewegung des Pavillons stärker darauf reagieren und dynamischer wird. Wie Du schon sagtest, können wir ihn sich um 90 Grad drehen lassen, sodass er einen Sprung macht, anstatt durch den Raum zu schleichen. Es könnte auch wirkungsvoll sein, wenn der Pavillon sozu-

sagen eine Zeitreise macht und sich auf diskontinuierlichen Wegen fortbewegt. An einem Tag ist er in der nordöstlichen Ecke, am nächsten in der südwestlichen, ohne dass man ihn dazwischen irgendwo gesehen hätte. Ich kann mir auch vorstellen, dass er eine Spur aus kleiner werdenden Teilen hinter sich herzieht während er sich fortbewegt - so wie eine Apollo-Rakete, die ihre Brennstufen verliert. Noch raffinierter wird die Sache jedoch, wenn man sich fragt, wie der Pavillon sich abhängig von dem bewegen soll, was in ihm ausgestellt ist. Wir sprachen davon, einen rollenden Kleiderständer zu besorgen, und ich mag das Bild des Pavillons, der sich mit dem Kleiderständer im Innern schnell vorwärts bewegt, um Schritt zu halten. Und natürlich müsste jeder, der gerade dann den Kleiderständer betrachtet, sich ebenfalls schnell weiterbewegen. Wir sprachen auch schon davon, Kim Soojas Arbeit *Bottari* aus der Sammlung zu zeigen, die so etwas wie ein großer Tippelbruder-Sack ist; das wäre eine passende Verwirklichung der Idee einer Zeitreise. Wenn wir dagegen ein großes Foto von Candida Höfer oder Thomas Struth zeigen, möchte ich den Pavillon eher für einige Wochen still stellen, um der Stille ihrer Bilder zu entsprechen, aber auch, um meine leichte, temporäre Struktur ihren konkreten Bildern gegenüberzustellen. Diese Variationsmöglichkeiten suggerieren eine Frage, die Buckminster Fuller aufgeworfen haben könnte: Sollte die Dauer von Architektur von der Geschwindigkeit dessen bestimmt sein, was in ihr ist?

Ich glaube, meine Lieblingsvorstellung ist der Pavillon, der ein Dickicht falscher Forsythien beherbergt: ein flüchtiges Bild in einer flüchtigen Struktur, und beides bewegt sich vorwärts.

JH Deine ›fullereske‹ Frage bringt mich darauf, was wohl die weitere Zukunft des Pavillons sein könnte, nachdem das Projekt unter der Kuppel zu Ende gegangen ist? Das Schöne an dieser Struktur ist ja, dass sie ein Kunstwerk von Joe Scanlan sein kann, aber auch eine ziemlich anonyme Präsentationseinheit für alle möglichen anderen Dinge. Wir haben ja z. B. auch schon ein Testsegment auf der diesjährigen Kunstmesse in Köln eingesetzt, um auf dein Projekt und auf andere Ausstellungen in K21 aufmerksam zu machen. Am Anfang wird der Pavillon durch ein Museum wandern, durch einen Teil der Kunst›welt‹ sozusagen. Aber er kann auch darüber hinaus in andere Bereiche des Lebens gehen. Überlässt du diese Frage ganz den verschiedenen Umständen, in die diese Struktur geraten könnte? Ich denke, dass der mögliche Gebrauch, der von ihr gemacht werden wird, etwas anders ist als bei deinen Nesting Bookcases, *die eher privat oder häuslich sind.*

JS Ziemlich anders, obwohl der Pavillon am Anfang dadurch eingeschränkt ist, dass er nicht so einfach hergestellt und vertrieben werden kann wie ein *Nesting Bookcase*. Wie auch immer, ich wäre hoch erfreut, wenn der Pavillon ein Eigenleben annehmen würde genau wie die *Nesting Bookcases*: durch Nachfrage erzwungen und weiterentwickelt durch Interpretation und Gebrauch. Ich mag seinen Einsatz auf der Kölner Kunstmesse und ich wäre glücklich, wenn er ein vielfältiges kommerzielles Leben haben würde. Er ist recht gut für solche Sachen wie den schnellen Auf- und Abbauzyklus von Kunstmessen, Buchmessen und Modewochen geeignet. Vorhin habe ich davon gesprochen, die Dinge zu verlangsamen, aber vielleicht ist der Pavillon tatsächlich dafür gerüstet, die Dinge zu beschleunigen.

Im letzten Sommer war ich in Münster und dort gibt es im öffentlichen Raum eine Skulptur von Otto Freundlich mit dem Titel *Der Aufstieg*, die großartig im Pavillon aussehen würde, oder vielleicht sollte ich besser sagen, dass der Pavillon um sie herum großartig aussehen würde. In diesem Fall würde der Pavillon die Dinge verlangsamen, indem er die Aufmerksamkeit auf etwas, das vernachlässigt worden ist, lenkt. *Der Aufstieg* ist auf einer kleinen, efeuüberwachsenen Grünfläche zwischen zwei Kirchen und einem ehemaligen Palais platziert. Die Skulptur ist ein schönes Beispiel für die Abstraktion der frühen Moderne. Leider ist sie in ihrer derzeitigen Aufstellung verloren; ihre Größe verschwindet im Schatten der Kirchtürme und Bäume und im Kontext der historischen Bauten. Ich denke, dieser Ort stellt eine große Chance für den Pavillon dar. Statt die Skulptur an eine gastfreundlichere Stelle zu bringen, dabei aber die historische Signifikanz ihres originalen Aufstellungsortes einzubüßen, könnte der Pavillon rund um sie herum errichtet werden und ihr so einen intimeren und einfühlsameren Ort schaffen. Statt die Skulptur ins Museum würde man das Museum zur Skulptur bringen. Die Skulptur kann permanent sein, die Architektur temporär.

Ich mag die Idee, dass der Pavillon durch die Welt zieht und dabei gelegentlich etwas einrahmt und ihm einen höheren Grad von Wertschätzung und Überprüfbarkeit verleiht.

Ein Reiseziel, das ich im Sinn habe, ist Wellfleet in Massachusetts, eine Stadt am äußeren Cape Cod. Es gibt dort eine große Tradition moderner Architektur, die manchmal recht ökonomisch entworfen und gebaut ist. Marcel Breuer hat dort drei Häuser entworfen, davon eins für seine Familie, ebenso Serge Chermayeff und Paul Weidlinger, der als Statiker für Walter Gropius tätig war. Der Pavillon könnte der jüngste Vorschlag in dieser Reihe von provisorischen, für eine bestimmte Jahreszeit errichteten Bauten sein. Ich verbringe an diesem Ort eine Menge Zeit, habe aber keinen Platz, um zu arbeiten, und so könnte ich mir vorstellen, dass der Pavillon dort ein wundervolles Leben und eine Funktion als Atelier hätte. Ich sehe schon wie er sich neben einem großen Wildrosenstrauch in eine Nische im Wald schmiegt, wobei die exzentrischen Winkel seiner Wände die schiefen Johannisbrotbäumen nachzuäffen scheinen.

JH Ich sehe schon: Scanlans Walden. *Aber im Ernst, der ökonomische Rahmen und die Do-It-Yourself-Ethik, die die Basis vieler Deiner Arbeiten bilden, verbinden sie doch mit einer spezifisch amerikanischen Tradition, nämlich den Tanszendentalisten des 19. Jahrhunderts; oder irre ich mich?*

JS Mir ist es peinlich zu sagen, dass ich die Tanszendentalisten nicht besonders gut kenne; ich habe nur zwei Bücher von Thoreau und keines von Emerson oder Hawthorne oder gar Whitman gelesen. Kannst Du das glauben? Ich wollte sie schon seit einiger Zeit lesen, aber immer wieder werde ich durch andere Autoren abgelenkt, auf die ich neugieriger bin. Obwohl ich sie nicht gelesen habe, kommt es mir immer noch so vor, als ob ich ihre Ideen allein dadurch schon aufgesogen habe, dass ich im ländlichen Amerika aufgewachsen bin.

Ich glaube stark an den Individualismus. Im Moment stecken die Vereinigten Staaten in einer Schleife sich bekämpfender Glaubenssysteme, die Skeptikern nur wenig Raum lassen. Glaubenssysteme sind nicht nur blind gegenüber Widersprüchen und taub gegenüber dem Zweifel, es sind auch soziale Strukturen, die durch gemeinsame Werte zusammengehalten werden und daher dem Individualismus ablehnend gegenüberstehen. In jedem System, sei es religiös, kulturell oder ökonomisch, ist das Ende des Individualismus das Ende des Dissens', und das Ende des Dissens, das Ende des Fortschritts. In diesem Sinne empfinde ich eine große Affinität zu den Transzendentalisten. Bei Thoreau's *Walden* ging es um die Konstruktion einer bestimmten Freiheit, einer Freiheit, deren Wert durch die Lebensqualität von *Walden* bestimmt war und was Thoreau willens oder nicht willens war zu tun, um sie zu ermöglichen. Worin ich mit Thoreau aber wohl nicht übereinstimme – selbst unter dem Als-ob-Szenario von *Walden* –, ist, dass es heute aus dem Kommerz kein Entrinnen gibt; es gibt nur unterschiedliche Stadien, verschiedene Abstufungen, unter denen man wählen kann. Also glaube ich, dass Autarkie – oder Kunst, wenn man so will - nicht durch die Vermeidung des Kommerz' definiert werden soll, sondern als die Fähigkeit, ihn zu den eigenen Bedingungen einzubinden. Wenn Thoreau heute lebte, würde er keine Hütte im Wald bauen, sondern eine Galerie in Detroit eröffnen.

JH In einem Buch des Kunsthistorikers Anthony Vidler lese ich gerade über etwas, das er »Vagabundenarchitektur« nennt. Dein Pavillon scheint einige der Eigenschaften solcher Ideen aufzunehmen, wie sie von den Situationisten oder von John Hayduk propagiert werden. Wo aber das Konzept einer vagabundierenden Architektur im Verein mit einer vagabundierenden Sorte von Menschen das Regime der modernistischen Städte, Gesellschaften und Ökonomien zu unterminieren sucht, funktioniert dein Konzept mehr wie der Fisch im Wasser. Wie würdest du das Veränderungspotential im ›Leben‹ deiner Kunstwerke und -konzepte definieren, bzw. an welcher Stelle setzt es an?

JS Ich weiß von Anthony Vidler und kenne auch John Heyduk, allerdings mehr als eine graue Eminenz visionärer Architektur als dass ich irgendetwas Genaues wüsste. Ein weiterer blinder Fleck in meiner Bildung! Aber das ist in Ordnung. Ich denke, ich lerne viel durch Osmose, nur indem ich in der Welt bin und Dinge aus dem Augenwinkel heraus aufnehme.

Das Nächste, was ich mit der Theorie einer »vagabundierenden Architektur« verbinden kann, sind die großen wandernden Städte von Archigram und die lokalen Utopien von Bernard Rudofsky. Ich mag das absurde Kunststück im Konzept von Archigram, diese großen Stadt-Raupen, die über die Landschaft marschieren, ohne sich um die Probleme einer stationären Stadt kümmern zu müssen. Rudofsky hatte ein gutes Auge für lokalen Erfindungsreichtum, aber seine Verehrung für die ›ungeschulten‹ Architekturen grenzte an Kriecherei. Ich könnte sagen, dass ich in der Praxis meine *Stores*, die sich mehr wie ›Orte‹ im Sinne Carl Andres oder Maria Nordmans als wie Archi-

tektur im eigentlichen Sinne verhalten, über einige Jahre habe vagabundieren lassen. Der ursprüngliche Grundriss stammt aus *Store A*, einem Atelier in einem Ladenlokal, das ich in Brooklyn hatte. Hiervon habe ich eine Replik für eine Ausstellung bei D'Amelio Terras im Jahr 2001 gemacht. Schließlich ist die Arbeit in Wellfleet gelandet, mit Tisch und Sonnenschirm darauf. Die nächsten *Stores* haben sich immer weiter entwickelt und verbessert, wobei sie eleganter und modularer wurden. Die zweite Version tauchte auf dem Werfplein in Brügge auf und wanderte nach Antwerpen, Villeurbanne und Luxemburg. Eine dritte Version mit dem Titel *Miesian Gymnasium* wurde von Martin Janda produziert und gezeigt bevor sie nach Paris und wieder zurück zog. Unser Pavillon ist die vierte Formulierung dieser Idee. Es ist die erste mit richtigen Wänden und einem Dach, die sich fortbewegen kann; also vielleicht kommt sie der Idee von Vidler am nächsten.

Kannst du mehr darüber sagen? Welche Ähnlichkeiten siehst du zwischen Vidlers Vagabunden-Idee, den Situationisten und/oder Heyduk auf der einen und dem Pavillon auf der anderen Seite?

JH In seinem Buch »unHEIMlich – Über das Unbehagen in der modernen Architektur« schreibt Vidler in einem Kapitel auch über »Vagabundenarchitektur« und versucht, eine Art von Architektur oder Aktivität zu definieren, die in die Stadt gleichsam eindringt und ihre allzu rationalen Strukturen, ihre tagtägliche Routine, und schließlich vielleicht sogar das politische System, das sie darstellt, zu unterminieren sucht. Er verbindet dieses Konzept mit der Idee des Nomadentums als dem Anderen des städtischen Lebens und spricht von allen möglichen Gruppen von Vagabunden diesseits und jenseits des Gesetzes, die eine ›Kritik‹ am System darstellen. Es geht um die Position des Außenseiters, des rebellierenden Künstlers usw. Sie macht sich nicht unbedingt an etwas Gebautem im gewöhnlichen Sinne fest. Walter Benjamins »Flaneur« wird in diesem Konzept radikalisiert und in eine »Praxis des Umherschweifens« verwandelt, die die inoffiziellen Aspekte der städtischen Umwelt aufgreift und nutzt. Vidler gibt allerdings zu, dass der Übergang von der Theorie zur Praxis, vom rebellischen und möglicherweise romantischen Vagabundieren zum Bauen selbst, in den meisten Fällen eher weniger befriedigend ist. Für ihn sind Archigrams ›sich bewegende Städte‹ z. B. nur Utopien in einem technologischen Sinne.

Dein Pavillon stellt sich im Gegensatz dazu nicht außerhalb der gegebenen Ökonomie, er hält nicht an einer ›revolutionären‹ Strategie fest. Statt dessen versucht er, zumindest ein Minimum an Grundanforderungen in punkto Brauchbarkeit, Technologie, Ökonomie – und nicht zu vergessen: Schönheit - zu erfüllen. Er leitet sich nicht von einer vagabundischen Haltung, sondern von einem Common-Sense-Ansatz her. Da ich diese grundsätzliche Haltung von dir kannte, habe ich von Anfang an auf etwas gehofft, das die gegebene Situation unter der Kuppel von K21 in einer subtilen Art und Weise verwandeln würde. Wenn ich mir heute den Pavillon – und natürlich auch das mit ihm korrespondierende ›Gerät‹ des Tageslichtkinos – ansehe, gefällt mir das Resultat sehr. Du hast jeden Ansatz vermieden, der sich mit der Riesigkeit des Raumes und mit der Unveränderlichkeit der Stahl- und Glaskonstruktion messen will. Deine Arbeit spielt auch nicht in irgendeiner direkten Weise mit dem Blick über die Stadt. Stattdessen geht es bei dem Pavillon um Zeit und Transformation. Veränderung geschieht hier nur sehr langsam, sehr graduell. Um es mit einem Bild zu sagen: Passing Through geht auf intelligente Weise mit dem um, was da ist, nimmt seinen Rhythmus auf und lenkt es langsam, aber stetig in eine andere Richtung – nicht hin zu etwas vollkommen Anderem, sondern zu etwas, das reicher ist als das Vorhergehende. Das ganze Projekt und besonders der Pavillon auf seinem unvorhersehbaren Kurs kommen mir wie eine unaufdringliche, aber kraftvolle Metapher für jenen Individualismus im Zusammenspiel mit der Gesellschaft vor, von dem du eben sprachst. Der Pavillon folgt einem riskanten Weg, weil er in einer Zeit, in der nur die lautesten Schläge wahrgenommen werden, übersehen werden könnte. Aber vielleicht ist er am Ende doch so etwas wie ein Vagabund, aber einer, der eine gewisse Veränderung durch Beharrlichkeit und nicht durch Leugnung zu Wege bringt – eine andere Art von Fremder. Wir werden sehen, wie er sich in den nächsten 18 Monaten unter der Kuppel von K21 verhalten, und wie deine anderen Arbeiten in seinem Innern aussehen werden. Wir werden sehen, wie das Publikum diese Struktur, das Kino und den auf diese Weise veränderten Raum benutzen wird. Und wir wollen zusehen, dass er danach noch in andere Kontexte eindringt! Diese Ausstellung wird mit Sicherheit nicht nach der Eröffnung vorbei sein.

JS Diese Ausstellung hat vor 14 Jahren in der Wiener Sezession angefangen, als mir zum ersten Mal klar wurde, dass meine Werke die ungemütliche Position haben, durch die Kunstwelt ›hindurchzuziehen‹ (passing through) bevor sie zu ihren weltlichen Arten des Gebrauchs zurückkehren. Ich denke, das gilt noch immer – bis auf das »ungemütlich«. Der Pavillon macht überhaupt keinen unkomfortablen Eindruck. Er scheint vielmehr recht stolz darauf, hier zu sein, Kunst zu sein, und ebenso stolz, weiter zu ziehen. Ich denke, er wird eine ziemliche Reise machen.

Winter 2006/07

* Joseph Schumpeter and Joe Scanlan, The Process of Creative Destruction in Action, in: A Prior Magazine #13, Gent 2006, S. 58-61

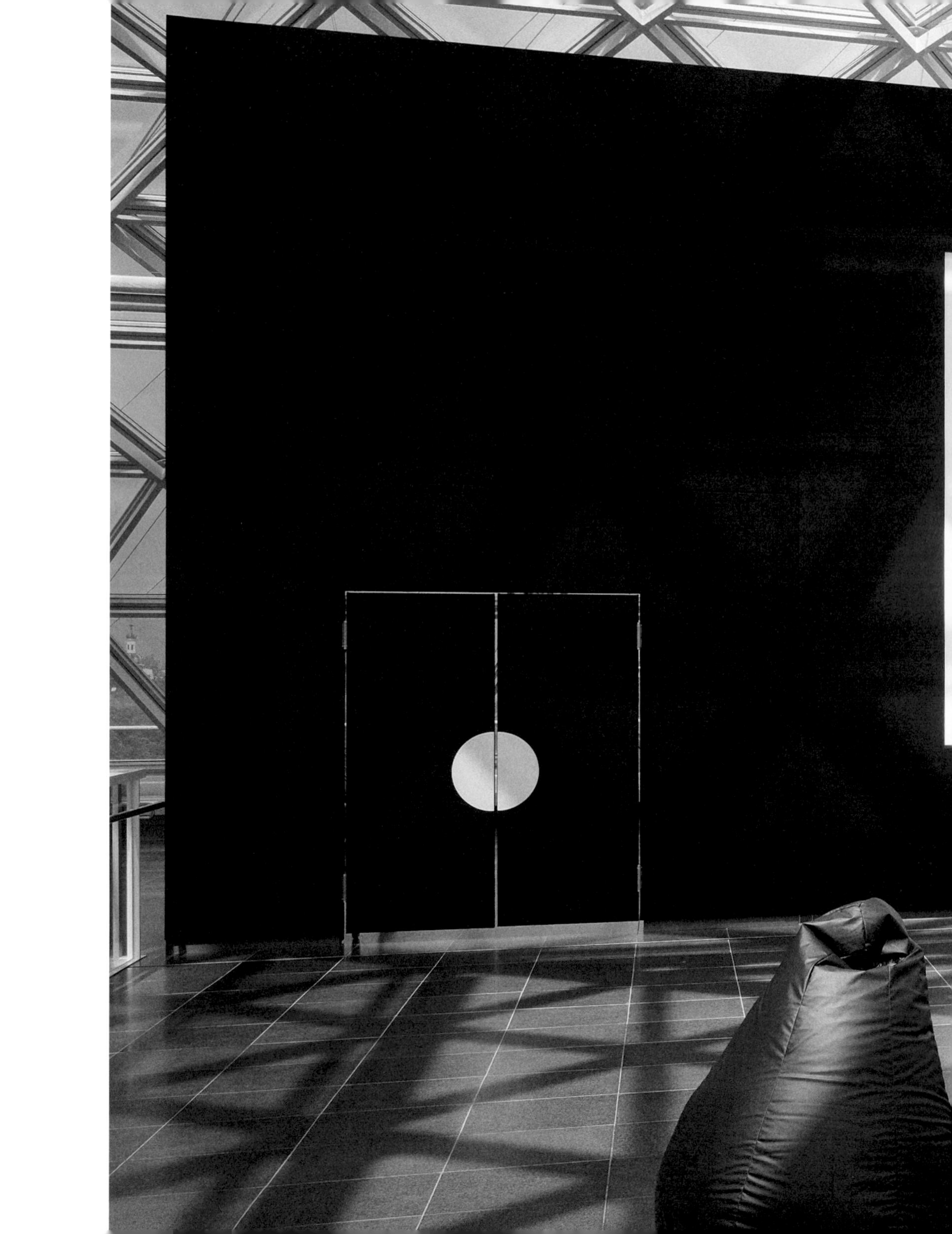

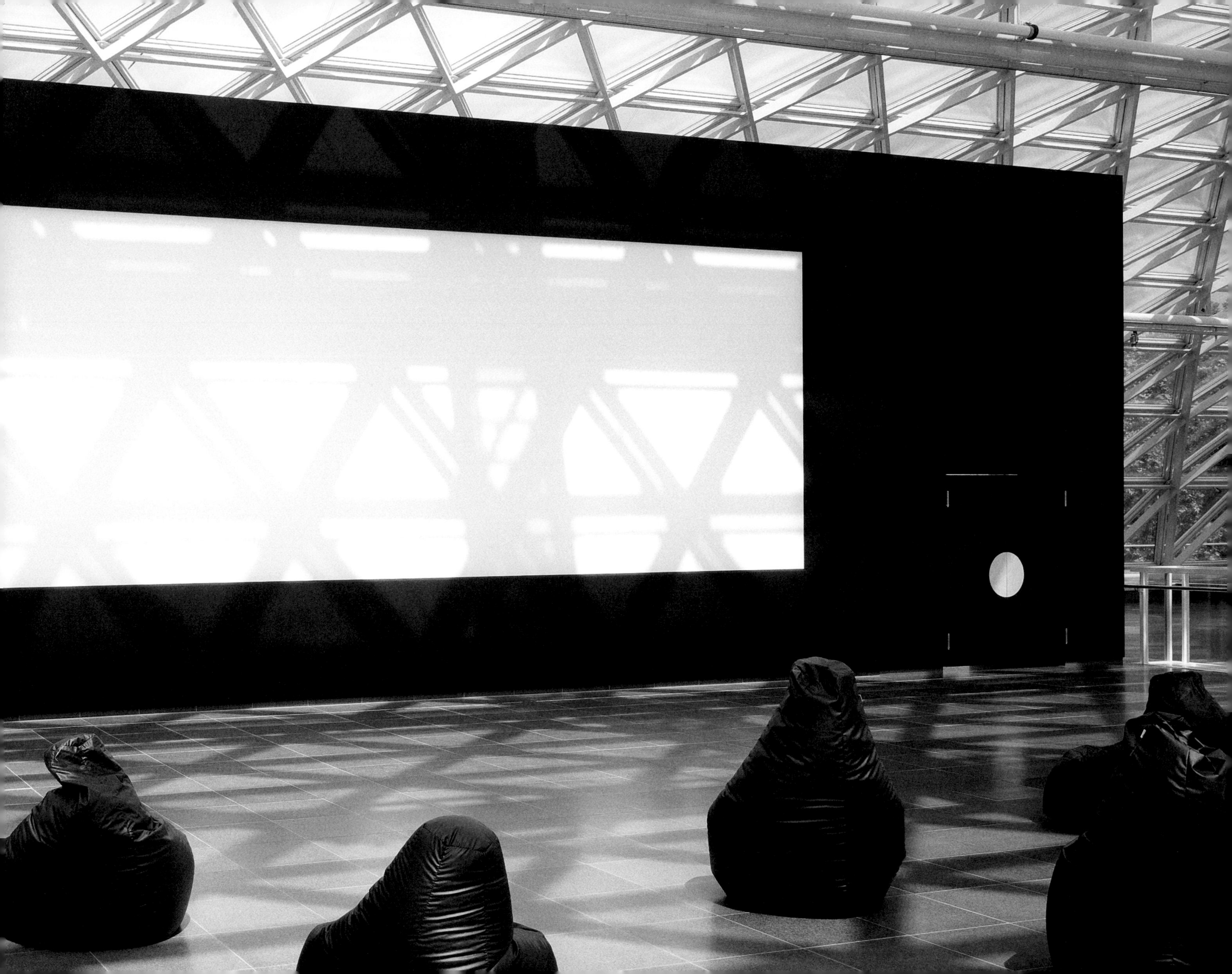

PASSING THROUGH

Joe Scanlan, *interviewed by* Julian Heynen

Joe Scanlan The rooftop of K21 is an impressive space. Too impressive, you might say, at least too impressive for anything I've made. What made you think of inviting me to conceive an exhibition for this space?

> *Julian Heynen You're right, the space under the dome is vast and dominated by its glass and steel construction as well as by the view out over the city. From the very earliest days of K21 I felt that this space was not really suited to showing works from the collection. Instead I thought it should be a kind of project room, albeit a rather big one. Works should be especially conceived for this space. Maybe it was a kind of instinctive reaction that your work came to my mind very early on. We know that huge spaces can challenge good artists in a bad way. There is a temptation to compete with the sheer scale of a space and enlarge one's work accordingly. I think the program of the Turbine Hall at Tate Modern in London, for instance, is sometimes affected by that. Your work, your approach to art is completely different. It's modest, it has a human scale, sometimes it seems to come in through the back door. I guess I was expecting you to dive under the obvious choices for such a space, bypass its challenge, so to speak, and emerge at an unexpected spot.*
> *Your project for the rooftop has rather a long history. One of your earlier proposals was to create what you once called a Zen Arcade. Could you explain some of the ideas behind it, because I think that the earlier approach did have some similarities with* Passing Through?

JS I like the view onto the city. It's a nice surprise to enter a museum and move through it only to arrive at a sweeping view of where you've come from. If I lived in Düsseldorf I could imagine ending up on the top floor after an hour or so, looking out over the rooftops in the direction that I lived. Just gazing into the distance, trying to remember what was in my refrigerator and whether I needed to pick up anything on the way home.

The space is good for imagining where you're going to be next, imagining someplace else. As soon as you step out of the elevator you know what you have to do: traverse the space and then leave. It's like an airport that way, you sense that the space is not designed for you in particular but for hundreds and thousands of yous to pass through.

Zen Arcade was the beginning of thinking about how to slow things down and make some part of the rooftop contemplative and useful.

It came from an amalgam of influences that all seemed to be inter-related at the time. The first was the double album of the same name by Hüsker Dü. I listened to it a lot in the early anomie of the Bush presidency. I think I needed to empathize with the sound of being hurled into an abyss, being confused and angry, and then having that rawness give way to a childlike sense of wonder at how awesomely fucked up things were. That album can really alter your chemistry; for me it's a kind of sonic pharmaceutical that makes profound distress tolerable. Anyway, I was also researching the early trade-show designs of Lilly Reich and reading The *Dialectics of Seeing*, Susan Buck-Morss's book on Walter Benjamin's »Arcades Project«, and liking the mix of awe and technical sophistication and decay that was happening. The elegant nihilism of strolling under K21's massive glass dome, being adrift and occasionally distracted by this or that, seemed very appropriate. Plus it's just a nice phrase, *Zen Arcade*. I like how it collides meditation and window shopping, two kinds of absorption that have a similarly detached sensation and yet are philosophically opposed.

> *JH I lost touch with contemporary pop music back in the early eighties, so I can only guess what the effect of Hüsker Dü's record as a kind of remedy for political depression might be. Got to get hold of that piece of music; could be useful another time.*
>
> *I like your description of the ›elegant nihilism‹ of strolling under the dome, because it seems to be one of our more common responses to political and social distress today: a musing consumerism, an escape that's hopeless from the outset but nevertheless comforting. You say that meditation and window shopping are philosophically opposed. It seems to me that you like to investigate such apparent or real oppositions with your work in general.*

JS I do. It stems from the basic realization that I often don't know what I'm doing, or the effect that follows what I've done is quite different from what I thought it would be. For me, that core uncertainty is rooted in the dialectic of things I do for money and things I do for art. I have always needed money to live—that's a normal enough necessity—but an invisible prophylactic barrier still exists in art between that necessity and the nobler pursuit of making art. My very first works—the apartment works, the *Extended-wear Under-wear,* the *Starter Pot*, the *Bathroom Floor*—were an attempt to create

a third place for artworks to inhabit that was informed by economics but not suffocated by them. That is, while the primary motivation of those works was economic, wanting to avoid needing to buy things and therefore wanting to avoid having to have a job in order to be able to afford them—they were rational to the point of absurdity and ended up being more poetic than economic. To this day, whether I'm making fake *Forsythia* or *Nesting Bookcases*, artificial tears or dirt, economics can be very poetic and poetry can be very profitable, to the point where I don't worry about the distinction anymore, I just work.

I think this optimism, or freedom, if we can call it that, is most effective for individuals working on a small scale. I'm thinking of Agnes Martin or David Hammons or On Kawara, artists whose works, in a certain sense, are indifferent to whether they qualify as art or not. A certain amount of seclusion, even solipsism, is essential to not knowing or caring what you're up to. When the time comes to exhibit this or that work of art, it also helps heighten the contrast between the narrative of one person and the demands of a gallery, or a movie screen, or a city street. I've always been pretty ambivalent about the art world per se, but lately I'm very excited about it as a place to stage clashes of scale and intent. Money and poetry. Control and mobility. Consumption and display.

> *JH In some earlier works you reinterpreted the more traditional critical view of the relationship between ideology and art or economics and art. I'm thinking, for example, of your 1998 Mike Kelley ›remake‹ Pay For Your Pleasure (reprise) or your project of a periodical titled Commerce (1999), with the cover of its first edition modeled on the magazine October. Could you explain your ›optimistic‹ attitude towards art's existence within capitalism in some more detail, also in relation to your initial idea for the roof project in K21 where the art works were balanced against their display as consumer goods? What is the possible advantage of such a (commercial) display instead of a museum display as we normally have it?*

JS I'm afraid I have to give a long response that in the end will probably still be inadequate, but I want to address the question of art and capitalism as well as possible, because it's such a touchy subject. Even I am uncomfortable making some of the arguments I make. At heart I'm an old school connoisseur, perfectly happy to look at

Richard Deacon or late de Kooning rather than discuss money and politics. Nonetheless, I am painfully aware that we inhabit a different reality now and I believe my arguments need to be proposed: first because I think the plain pursuit of money is a frequent source of great knowledge and beauty, and second because it adds a new facet to the forty-year history of Marxist Institutional Critique that has—let's face it—done very little to change the political economy of art. I've always been invested in art as critique, as a forum for counter-proposals to society, to life, to art conventions. But contempt for money and monetary gain, whether a socialist, a dilettante or a tenured professor, is no longer a viable performance of that critique. They all presume artists are either naive or indifferent to where their money comes from and are pretty disingenuous platforms for espousing Marxism.

I think a better way to deal with capitalism is to inhabit it, to invent my own products as a potential source of income and then circulate them in such a way that they pass through the art world from time to time. As they should! Some of my best products are works of art. This outlook stems from a constellation of influences over the years. The first and oldest influence is the bind that post-structuralist theory and appropriation strategy put art in. On the one hand, post-structuralism destabilized the legitimacy of cultural authority by empowering alternative cultures, alternative points of view. However, at nearly the same time and in the same stroke, appropriation strategy granted art license to pick and choose from those myriad cultures and points of view and assimilate them into high art, reasserting the idea of an ultimate cultural authority with the very artifacts that had challenged it in the first place. So who wins that power struggle—the cultures that design and produce and destroy those artifacts, or the culture that selects and preserves them? To paraphrase Machiavelli—whom I quoted in *Pay For Your Pleasure (reprise)*—art cannot acknowledge the power of consumer society without surrendering that power as well. Appropriation strategy is a losing game. The more things it drags into art, the more power art surrenders.

I want my art to have an air of independence and mobility, even when it's in a museum. If art must acknowledge that it is just another part of a totalizing consumer society, then its only access to cultural power is to engage that society. To cite another person I included in *Pay For Your Pleasure (reprise),* Kim Gordon of Sonic Youth: »I was sort of raised all my life to do art . . . I just felt like I should be doing music. It seemed to me that this was really the next step after Pop Art, you see, entering directly into a popular form of culture instead of commenting on it.« It's about circulating new ideas for consumption. It's about trying to change the direction, or flow, of the political economy of art, trying to design things that begin as art and can flow out into the world as well as end up as art in a museum.

In some ways I find entrepreneurialism more dynamic and patient than art. These days art pretty much runs on a fashion cycle. But even the most conservative venture capitalist will give an idea five years to pan out. So in that way capitalism can be more accommodating of risk and contingency and loss than art is. Capitalism takes such risks as a matter of course—indeed, as a matter of survival. Joseph Schumpeter said as much in his analysis of business cycles and his concept of Creative Destruction, which is pretty much the capitalist equivalent to the avant-garde. Do you know his writings? He taught here for a while between the World Wars, just up the road at the University of Bonn.

> *JH Unfortunately not, although I have heard about his concept of Creative Destruction. When I recently read your paraphrase of a text by Schumpeter*. I became aware again of how little I actually know about economic theories although I'm used to placing and discussing art in the context of economics.*
>
> *Your rewriting of Schumpeter to apply his theory of Creative Destruction as the essence of capitalism to art is very enlightening, not only because of what you say but also how you arrive at it. You've taken a few basic paragraphs by Schumpeter and then moved, changed, rewritten, and added words and phrases to bring it à jour and to make the argument work for art as well. It reads absolutely fluently but your ›interventions‹ are marked in different shades of blue. The effect is that the pages look very beautiful and, even without knowing the meaning of the blue typefaces, one immediately senses that the text is in flux, so to speak. It's very clear but not authoritarian; it develops by going along with certain existing ideas, infiltrating them and taking them a step further or aside. You ›see‹ that what is said is an evolutionary process, the effort of many. The attitude it takes also reminds me of your early dirt works (Potting*

Soil, 1989–1995) and how they ›travel‹ through various situations adapting and changing them each time.
Let's go over from here to the pavilion and the cinema you have created for the space under the dome of K21 and come back to the more theoretical questions later. You already mentioned the first idea for the project, the so called Zen Arcade. *Later it somehow changed, things literally started to move. For a while we jokingly referred to your new idea as ›strolling architecture‹.*

JS I wanted to scale down the vast space under the dome, but it didn't seem dynamic or interesting enough to make a small room within a big room. I experimented on my computer with several kinds of freestanding screens and baffles (I think this was the lingering influence of Lilly Reich) which were intended to tame the space by temporarily hiding parts of it from view, like blinders on a horse. This wasn't so interesting, they looked like overwrought Ellsworth Kelly paintings on legs. So I returned to the idea of making a room, but I wanted the room to achieve a kind of freedom, a whimsy, that the museum's architecture doesn't have. What if we made a small exhibition space—40 square meters or so—but designed it so that the entire thing could ›go for a walk‹ under the dome on the top floor, just like museum visitors do? That way, as you pass through the pavilion it's passing through the museum which, being affixed to the earth, is passing through outer space.

That's where the cinema comes in. Its ›motion picture‹ is nothing more than the play of sunlight passing through K21's roof and sliding across a screen. As the clouds and days and seasons pass, the intensity and camera angle of the movie will change. Anyone who has the time and inclination can watch as much of it as they want, in a comfortable chair, as long as the museum is open. So instead of reaching the top floor of K21, walking one lap and going home, you can stay for hours and watch a movie and think about the fact that you and the pavilion and the museum are hurtling through space.

JH The design of the pavilion took some time because to make it ›go for a walk‹ it has to be lightweight and modular. There were several approaches, some of them quite fancy. In the end you came up with a rather basic but elegant design consisting of only three elements. What were the main ideas during the design process and how was your cooperation with the architects Dirk Lüderwaldt and Jupp Verhoff?

JS Some of the initial ideas were fancy indeed. The challenge was always how to make a structurally sound, weatherproof piece of architecture that could also be continually taken apart and reassembled. Not by a crew with heavy equipment, but by one or two people with basic tools—and not *in toto*, like a tent, but more gradually, piece by piece, without the remaining structure being compromised. It also had to have the ability to change direction, meaning that if you took floor and wall and roof sections off of the back you could re-attach them in a parallel or perpendicular fashion. Not only that, I wanted to do this with as few different parts as possible and have each of the parts be able to fit inside each other, to nest, so that the disassembled pavilion would take up as little room as possible when it was being stored or shipped. Oh, and one last thing: ideally all the parts would overlap and interlock in such a way that no bolts or screws would be required.

Dirk Lüderwaldt and Jupp Verhoff and I worked very well together from the start. They had just completed a rather ingenious three-storey stairway in Cologne that was made out of Kerto, cut entirely on a CNC machine, assembled off-site and then inserted into the client's house like a giant printer cartridge. Our discussions were quite plain in the beginning as we pruned away my more fanciful ideas. The first part of the program to be eliminated was the nesting requirement. Maybe someday the design could evolve to make that possible, but for now it was more important to concentrate on how the structure would stand and move rather than how it would be shipped. Next to go was my rather Escheresque approach to interlocking component design. Next to go were my high-end material fetishes: carbon fiber, honeycomb aluminum, structural fiberglass. What we ended up with was a rectilinear box with three parts: a wall panel, a floor and roof panel, and a joist.

It worked but it was a bit dull, so we revisited some of the earlier, more elaborate designs to see if any of them could be reintroduced to our pared down box. There was an eccentrically shaped wall panel that I drew—kind of an elongated Z-profile—but when Dirk make a model of it, it couldn't stand up. It looked nice though, so we started to think about how the fact that it always wanted to fall in the same direction might be turned to our advantage. We—well, Dirk really—came up with an ingenious offset pin system, whereby

once you had one pin in place the wall panel could be lifted up and then carefully allowed to ›fall‹ and lock into place. Then a roof joist could be inserted in the top of the wall that was counterbalanced in the opposite direction and, once placed, could also be allowed to ›fall‹ and lock into position. The weight of each component works against the other to make a structurally sound interior. What's more, it works just as well when it's inverted, that is, with the wall panel ›falling‹ toward the interior rather than away from it. It really makes quite an elegant profile, and when you mirror it with an identical structure you get a continuous trapezoidal plane all the way around, from floor to wall to ceiling to wall to floor again.
We started thinking of the structure as a strudel, and of each section as a slice. As a modular structure, the interior space of the strudel could be extended indefinitely by lining up slice after slice.

> *JH What's also surprising is the large variety of shapes and movements the pavilion can have or make. In one direction it can move gradually, if you wish, slice by slice, in seventy-centimeter steps. In the other direction it kind of ›jumps‹ forward, about five meters at a time. But not only that. It can be a simple box with inclined walls, the walls can become independent pillars, and the ground plan can also break up, so to speak, and become an open plan, Miesian in rather unexpected ways. I guess you didn't calculate the number of possible variations, but it seems rather endless. Like with your* Nesting Bookcases *you provide the structure of the object; its ›life‹, however, is dependent on the individual circumstances and on the ideas and decisions of the people who own them, who use them. What will be the directions for the rearrangements of the pavilion over the eighteen months of the project? Who decides how the pavilion will move?*

JS I like to think that we have designed an alphabet with which people can spell whatever they want. Whether they combine the basic elements to produce logic or nonsense makes no difference to me, I can take pleasure in any outcome because I'm confident there is enough complexity in the basic units that any combination of them will be interesting. As for who and how the pavilion will move, I think we will start out rather conventionally with a few people moving the pavilion one slice at a time, to see how it actually works. We have no idea how long it will take to disassemble and reassemble the parts, or how quickly the pavilion as a whole will progress on its journey through K21.
Even if it works well and seems to be making good progress, there is the subtler question of whether anyone who sees it at any one time will be able to discern what is going on. If that is the case, then I imagine the pavilion movement becoming more responsive and dynamic. As you say, we could turn it perpendicularly so that it leaps rather than creeps through the space. It could also be effective for the pavilion to ›time travel‹ and move in discontinuous ways. One day it's in the northeast corner, the next day it's in the southwest, without having been ›visible‹ anywhere in between. I can also imagine it leaving trails of parts as it moves, getting smaller and smaller, like an Apollo rocket losing its stages.
A subtler question still, though, is to wonder how the pavilion should move depending on what is displayed inside it. We've talked about getting a clothing rack on wheels, and I like the image of the pavilion leaping along with the clothing rack wheeling along inside it, in order to keep up. And of course, anyone who might happen to be viewing the clothing rack at that time would have to be moving quickly too. We've also talked about displaying Kim Sooja's *Bottari* from the collection, which is a kind of giant ›hobo sack‹, and this I could see as appropriate content for the ›time travel‹ idea. If we were to display a large photograph by Candida Höfer or Thomas Struth, then I think I would want the pavilion to stand perfectly still for a few weeks, to complement the stillness of their images but also to contrast my lightweight, temporary structure with their concrete images. The variations suggest a question that Buckminster Fuller might have asked: should the duration of architecture be determined by the speed of what's inside it?
I guess my favorite idea is the pavilion displaying a copse of fake forsythia, a fleeting image inside a fleeting structure and both of them moving forward.

> *JH Your ›Fulleresque‹ question brings me to what might be the future of the pavilion after our rooftop project. The nice thing about this structure is that it can be both a work of art by Joe Scanlan and a rather anonymous display unit for all kinds of other things. Actually, we used a test section of it as a means to advertise the project and other K21 exhibitions at this year's art fair in Cologne.*

In the beginning the pavilion will be traveling through a museum, through a part of the art ›world‹ so to speak. But it can also go beyond, into other realms of life. What could be its status there? Do you leave this entirely to the circumstances the structure may find itself in? I mean, its possible use will be rather different from that of your Nesting Bookcases *which are more private or domestic.*

JS Quite different, although the pavilion has the initial limitation of not being as easily produced and distributed as the *Nesting Bookcase*. Nonetheless, I would be delighted if the pavilion could take on a life of its own in the same way that the *Nesting Bookcase* has, compelled by demand and evolved through interpretation and use. I liked the use at the Cologne art fair, and I'd be happy if it had a diverse commercial life. It's well suited to that kind of experience, the quick up, quick down cycle of art fairs, book fairs, fashion weeks. I was talking about slowing things down earlier, but maybe the pavilion actually is geared toward speeding things up.

I was in Münster last summer, there's a public sculpture there titled *Der Aufstieg* by Otto Freundlich that would look great in the pavilion—or rather, I should say the pavilion would look great around it. In this case the pavilion would slow things down by calling attention to something that is neglected. *Der Aufstieg* is sited on a small, ivy-covered public green between two churches and a former palace. The sculpture is a nice example of early modern abstraction. Unfortunately, in its current location the sculpture is lost, out of scale under the looming steeples and trees and out of context among the period architecture. I think this site presents a great opportunity for the pavilion. Rather than move the sculpture to a more hospitable space and lose the historical significance of its original placement, the pavilion could be assembled around it and provide a more intimate, empathetic environment. Rather than take the sculpture to the gallery you take the gallery to the sculpture. The sculpture can be permanent and the architecture can be temporary.

I like this idea of the pavilion moving through the world, occasionally framing something and lending it a higher level of appreciation and scrutiny.

One destination I have in mind is Wellfleet, Massachusetts, a town on outer Cape Cod. There's a great tradition of modern architecture there, often quite economically designed and fabricated. Marcel Breuer designed three houses there, including one for his own family, as did Serge Chermayeff and Paul Weidlinger, a structural engineer for Walter Gropius. The pavilion could be the latest proposal in this tradition of provisional, seasonal architecture. I spend a lot of time there but I don't have a place to work, so I can imagine the pavilion having a wonderful life and function as a studio. I can just see it tucked in a hollow in the woods alongside a big wild rose bush, the eccentric angle of its walls mimicking the cockeyed locust trees.

JH I see, Scanlan's Walden. *But seriously, the economic framework of your work, the do-it-yourself-ethics form the basis of much of your works and link them to a specific American tradition, to the nineteenth-century Transcendentalists, or am I wrong here?*

JS I'm embarrassed to say that I don't know the Transcendentalists very well, I've only read two of Thoreau's books and none of Emerson or Hawthorne or even Whitman. Can you believe it? I've wanted to read them for a while, but I always get distracted by other authors that I'm more curious about. Even though I haven't read them, I still feel like I have absorbed their ideas just by growing up in rural America.

I believe strongly in individualism. At this moment the United States is stuck in a loop of competing belief systems, with little room left over for skeptics. Belief systems are not only blind to contradiction and deaf to doubt, they are also social structures bound by common values and thus averse to individualism. In any system, be it religious or cultural or economic, the end of individualism is the end of dissent, and the end of dissent is the end of progress.

In that sense I feel a great affinity with the Transcendentalists. Thoreau's *Walden* was about constructing a kind of freedom, one whose value was determined by Walden's quality of life and what Thoreau was willing or unwilling to do to make it possible. Where I would differ with Thoreau—even in the ›what if‹ scenario of *Walden* —is that today there is no escape from commerce, there are only different states of it, different degrees of it, to choose from. So I think self-reliance—or art for that matter—should not be defined as the avoidance of commerce but as the ability to engage it on your own terms. If Thoreau were alive today he wouldn't be building a cabin in the woods, he would be opening a gallery in Detroit.

JH In a book by art historian Anthony Vidler I recently read about what he calls »vagabond architecture«. Your pavilion seems to pick up some of the characteristics of such ideas as they were promoted by the Situationists or John Heyduk. Whereas the concept of a »vagabonding architecture« in conjunction with a vagabonding kind of people seeks to undermine the regime of modernist cities, societies, and economies, your concept works more like a fish in water. How would you define or where would you locate the potential of change in the ›life‹ of your art objects/concepts?

JS I know of Anthony Vidler, and certainly of John Heyduk, but more as the éminence grise of visionary architecture than for anything in particular. Another blind spot in my education! That's okay. I think I learn a lot by osmosis, just by being in the world and catching things in the corner of my eye.

The closest I come in mind to the theory of vagabond architecture is Archigram's great walking cities or the vernacular utopias of Bernard Rudofsky. I love the absurd feat of Archigram's concept, these great urban caterpillars walking across the landscape, never having to ›deal with‹ the problems of a stationary city. Rudofsky had a great eye for vernacular ingenuity, but his reverence for untrained architecture was borderline sycophantic. In practice I could say I've been vagabonding my stores over the past several years, which behave more like ›places‹ in the Carl Andre / Maria Nordman sense than as architecture per se. The original floor plan was *Store A*, a storefront studio I had in Brooklyn. I made the first replica of it for a show at D'Amelio Terras in 2001. It ended up in Wellfleet with a table and sun umbrella on it. Subsequent stores have continued to evolve and improve, in the process becoming more stylish and modular. The second version appeared on the Werfplein in Bruges in 2002 and traveled to Antwerp, Villeurbanne, and Luxembourg. A third version, *Miesian Gymnasium*, was produced and shown by Martin Janda before traveling to Paris and back. Our pavilion is the fourth version of this idea. It's the first one with real walls and a real roof that can travel, so maybe it's the closest to Vidler's idea. Can you say more about that? What characteristics do you see in common between Vidler's vagabond concept, the Situationists and/-or Heyduk and the pavilion?

JH In his book The Architectural Uncanny *Vidler also wrote a chapter on »vagabond architecture« where he tries to define a type of architecture or activity that invades the city, trying to undermine its all too rational structures, the day-to-day routine, and ultimately possibly the political system it represents. He links this concept to the idea of nomadism as the counterpart to dwelling in a city and speaks about all kinds of vagabonding groups this side and that side of the law that function as a »critique« of the system. It's an outsider's position, the position of the rebellious artist etc. It doesn't necessarily make itself manifest in anything built in the normal sense. Walter Benjamin's »flaneur« is thus radicalized and transformed into a »practice of the derive« (diverge) that describes and uses the unofficial aspects of the urban environment. Vidler admits that in most cases the transition from theory to practice, from rebellious and possibly romantic vagabonding to planning and building is rather less than satisfying. For him Archigram's »moving cities«, for example, are utopian only in a technological sense.*

Your pavilion by contrast doesn't place itself outside the given economy, it doesn't adhere to a ›revolutionary‹ strategy. Instead it tries to fulfill at least a minimum of basic requirements as to usability, technology, and economy—and beauty, not to forget. It doesn't derive from a vagabond's activity but more from a commonsense approach. Knowing that this is your way in general, I was hoping for something that would alter the given situation of the space under the dome of K21 in a subtle manner. When I look at the pavilion now—and also at the corresponding ›device‹ of the daylight cinema—I am very happy with the result. You have avoided any approach that would compete with the vastness of the space and the stability of the steel and glass construction. Also your work doesn't play with the view over the city in any direct way. Instead the pavilion is dealing with time and transformation. Here change comes about gradually, very gradually. In other words, I would say that Passing Through *goes along with the given in an intelligent way, taking up its rhythm and then slowly but steadily diverting it—not to something completely different but to something richer than before. The project and most notably the pavilion on its unforeseeable course seems to me an unobtrusive but powerful metaphor for the individualism in relation to society you were talking about earlier. It's pursuing a risky path because it might be over-looked, since only the big bangs come through these days. But may-be in the end it's a vagabond, too, but one that brings about some change through persistence and not through denial, another kind of stranger. Let's see how it will behave over the next eighteen months under the roof of K21. Let's see what your works will look like inside the pavilion. Let's see how the public will use this struc-ture, the cinema, and the space thus altered. And let's see if we can make it infiltrate other contexts afterwards. This exhibition won't end with the opening, that's for sure.*

JS This show started fourteen years ago at the Wiener Secession, where I first realized that my artworks had the uncomfortable pos-ture of *Passing Through* the art world before returning to their mun-dane uses. I think that's still true, except for the uncomfortable part. The pavilion doesn't feel uncomfortable at all. It seems rather proud to be here, to be art, but also proud to be moving along. I think it's going to cover a lot of ground.

Winter 2006/07

* Joseph Schumpeter and Joe Scanlan, »The Process of Creative Destruction In Action«, in A Prior Magazine #13, Ghent 2006, pp. 58–61

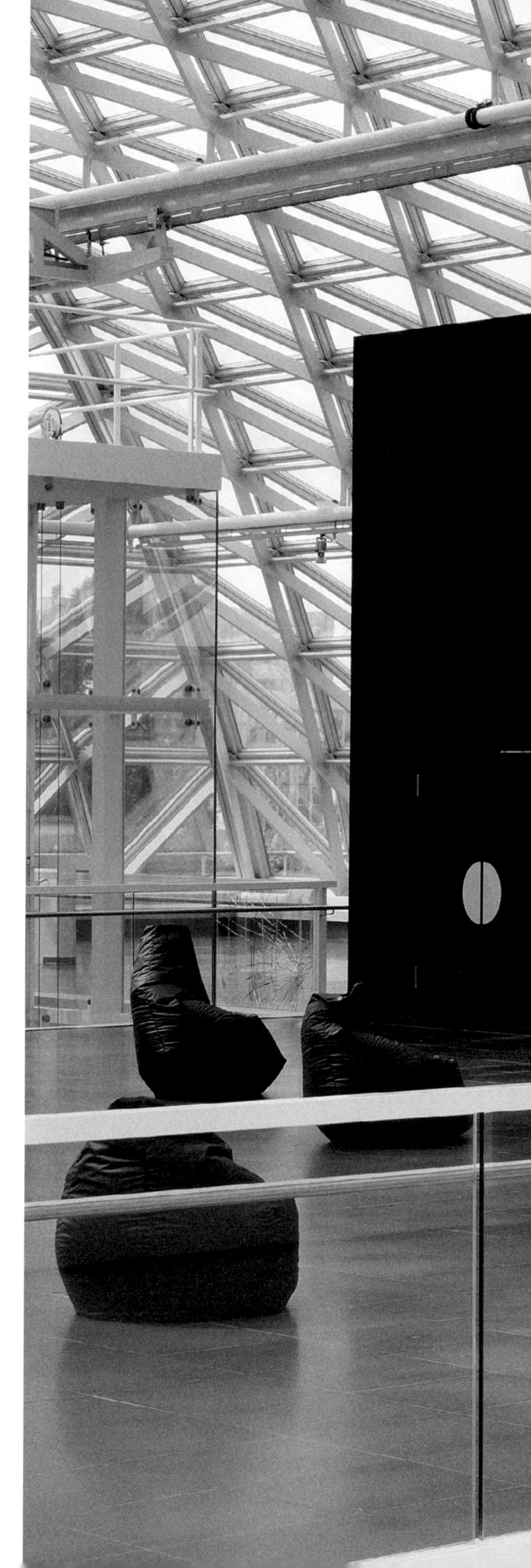

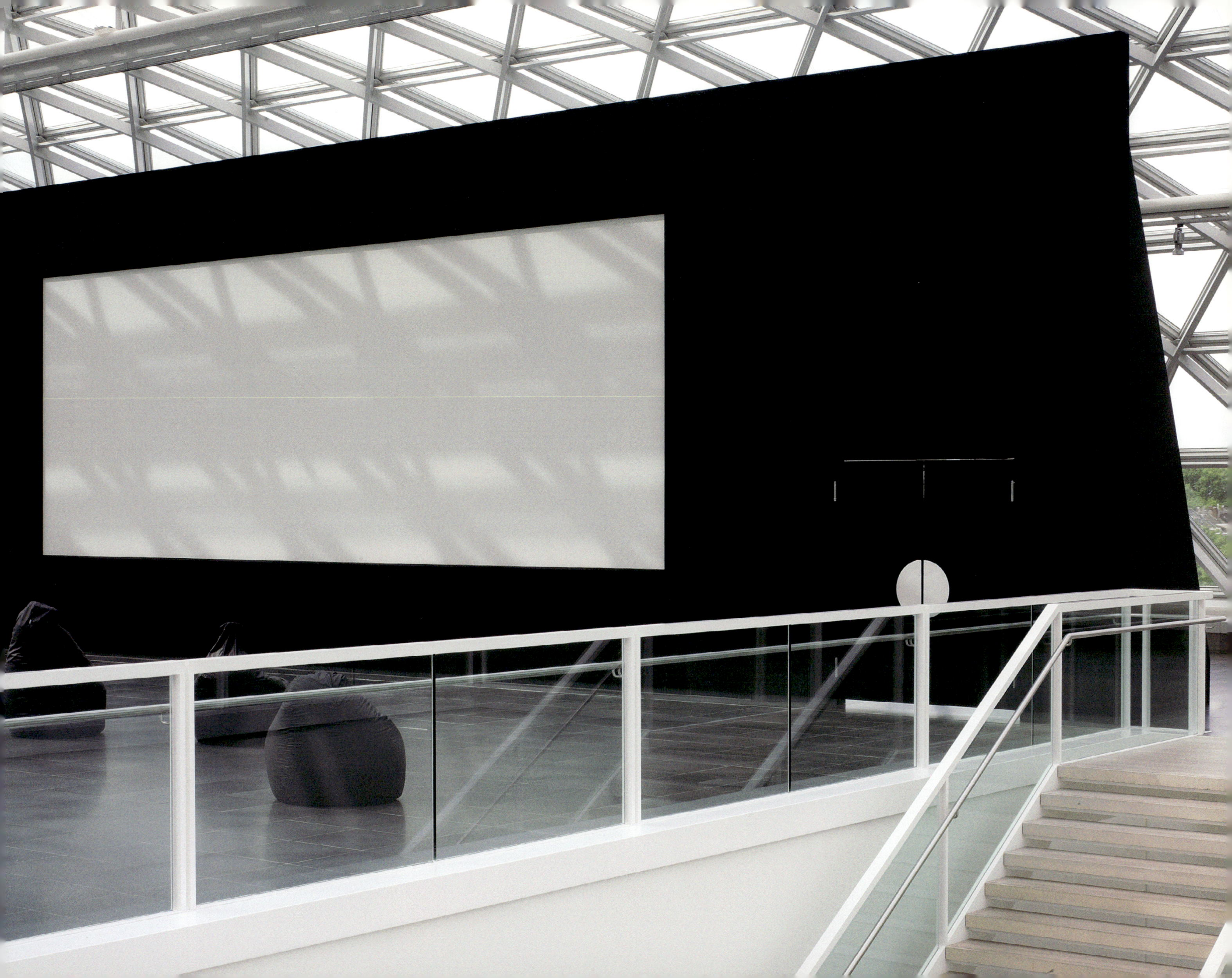

Joe Scanlan

Geboren / Born 1961 in Circleville, Ohio
Lebt / Lives in New York

Ausbildung / Education

1984 BFA, The Columbus College of Art and Design,
Columbus, Ohio

Einzelausstellungen /
Solo exhibitions

2007

SolongSolSolong, Institut d'Art Contemporain, Villeurbanne
Passing Through, K21 Kunstsammlung Nordrhein-Westfalen, Düsseldorf
Donelle Woolford: A Narrative, Chez Valentin, Paris

2005

Entropy For Sale, Galerie Micheline Szwajcer, Antwerp
Things That Fall, Galerie Chez Valentin, Paris
Massachusetts Wedding Bed, Galerie de Expeditie, Amsterdam

2003

Pay For Your Pleasure (reprise), Van Abbemuseum, Eindhoven
Pay Dirt, IKON Gallery, Birmingham, England
Dirty, Galerie Micheline Szwajcer, Antwerp
Mieses to Pieces, Raum aktueller Kunst Martin Janda, Wien / Vienna

2002

Do It Yourself Dead On Arrival Pay For Your Pleasure (reprise),
Insitute d'Art Contemporain, Villeurbanne

2001

Store A, D'Amelio Terras, New York
Sidewalk Sale, Store A, Brooklyn
Frank, Joe & Co., (with Frank Gehry), MARTa, Herford, Germany

2000

Galerie Micheline Szwajcer, Antwerp
Raum aktueller Kunst Martin Janda, Wien / Vienna
Sic Transit Gloria, The Jewish Museum, New York

1999

Product no. 2, Los Angeles Contemporary Exhibitions, Los Angeles
Invention, D'Amelio Terras, New York

1998

Les Moules, FRAC Languedoc-Roussillon, Montpellier, France
Pay For Your Pleasure (reprise), Museum of Contemporary Art, Chicago

1997

D'Amelio Terras, New York
Galerie Micheline Szwajcer, Antwerp

1996

Museum Haus Lange, Krefeld, Germany

1995

Galerie Ghislaine Hussenot, Paris
Yard Sale, 1838 Wolcott Street, Chicago

1994

Galerie Micheline Szwajcer, Antwerp

1993

Galerie Tanja Grunert, Köln / Cologne

1991

Fairly Recent Work, Robbin Lockett Gallery, Chicago

Gruppenausstellungen /
Group exhibitions

2007

Still Life, The 8th Sharjah Biennial, Sharjah, United Arab Emirates
Sound Art Limo, AC Institute Projects, New York
Mood Swings, Galerie Micheline Szwajcer, Antwerp
Intouchable, L'idéal Transparence, Museo Patio Herreriano, Valladolid, Spain

2006

Celebration Park, Musée d'Art Moderne de la Ville de Paris, Paris
Wat is / wat zou kunnen, W139, Amsterdam
Musée d'Arte Moderne Grand-Duc Jean, Luxembourg
Intouchable, L'idéal Transparence, Villa Arson, Nice
Data Mining, Wallspace, New York
Hyper Design, The Shanghai Biennial, Shanghai
Broken Lines, Printemps du Septembre, Toulouse
Tina B, The Prague Contemporary Art Festival, Prag / Prague
Les Editions du Craft, Galeria Blanchaert, Mailand / Milan
Cluster, Participant, Inc., New York
Six Feet Under, Kunstmuseum Bern, Switzerland

2005

BMW, The IX Baltic Triennial, Contemporary Art Center, Vilnius
Invisible Hands and the Common Good, Champion Fine Art, Los Angeles
Spring/Summer, Program, London
From A to B and Back Again, Galerie Chez Valentin, Paris
Un Art de Lecteurs, Galerie Art & Essai, Université Rennes-Haute Bretagne, Rennes
Withdrawal, Galerie Chez Valentin, Paris
Carte Blanche, agnès B., Paris

2004

BUY AMERICAN, Galerie Chez Valentin, Paris
Better Living, Mercer Union, Toronto
I Am The Walrus, Cheim & Read, New York
Curious Crystals of Unusual Purity, P.S. 1, Queens, New York
Not Done!, Museum of Hedendaags Kunst, Antwerp
Out of Place, Galerie Nordenhake, Berlin
Books and Shelves, College of DuPage Art Gallery, Aurora, Illinois
Work Surfaces, Galerie Jan Mot, Brüssel / Brussels

2003

About We, Van Abbemuseum, Eindhoven, Holland
Raum Aktueller Kunst, Wien / Vienna
Histoires Contemporaines, Institut d'art Contemporain, Villeurbanne
Convertible, CCC, Tours, France
Discussing Sculpture, Raum Aktueller Kunst Martin Janda, Wien / Vienna
The Drawing Show, Farida Hughes Studio, Chatham, Virginia
Collection De La Cruz, Miami
Travaillier Fatigue, Le Galerie du FRAC Languedoc-Rousillon, Montpellier

2002

No Ghost, Just a Shell, Kunstalle Zürich, Zürich; und / traveling to Museum of
Modern Art, San Francisco; Institute of Visual Culture, Cambridge, England
Multiple Objets de Désir, Musee des Beaux-Arts de Nantes, Nantes
Ideas for Living, de Inkijk, Rotterdam
Octopus, Bruges, Belgium
DIY, Galerie Jan Mot, Brüsssel / Brussels
Transform the World, Wako Works of Art, Tokyo
In Arcadia et Ego, FRAC Languedoc-Rousillon, Montpelier

2001

Making the Making, Apex Art, New York
Presence de L'Objet, Grand-Hornu Images, Hornu, Belgium
The (Ideal) Home, Gimpelfils, London
Promises, Vancouver Contemporary Art Gallery, Vancouver, Canada
Fiktional/Funktional, Kunsthalle Kiel, Germany

2000

Deja Vu, Miami Art 2000
Worthless (Invaluable), Moderna Galerija, Ljubljana, Slovenia
Against Design, Institute of Comtemporay Art, Philadelphia
Museum of Contemporary Art, San Diego
Palm Beach Contemporary Art Museum, Palm Beach, Florida
Wider Bild Gegen Wart, Raum Aktueller Kunst Martin Janda, Vienna
C2C, New Langton Arts, San Francisco
Art On Paper 2000, Weatherspoon Art Gallery, University of North Carolina,
Greensboro

1999

Boites, Musée des Arts décoratifs, Paris
Waste Management, Art Gallery of Ontario
Comfort Zone, Paine Webber Gallery, New York
Stuff, Contemporary Arts Council, TBA exhibition space, Chicago

1998

12th Biennale of Sydney, Sydney
EV+A, Limerick Gallery of Art, Limerick, Ireland
Poussière (dust memories), FRAC Bourgogne, Dijon
Inglenook, Feigen Inc., New York
Humble County, D'Amelio Terras, New York
Reality Bites: Approaches to Representation in American Sculpture,
The Culural Center, Chicago
Liam Gillick, John Miller, Joe Scanlan, Raum Aktueller Kunst, Wien / Vienna

1997

Perceptions Nomades/espaces urbain, Ateliers d'Artistes, Marseilles
Niemandsland, Museen Haus Esters und Haus Lange, Krefeld, Germany
Spaces Between, D'Amelio Terras, New York

1996

Art in Chicago: 1945-1995, Museum of Contemporary Art, Chicago
Galerie Micheline Szwajcer, Antwerp

1995

Aperto, Le Nouveau Musée, Institute d'Art Contemporain, Villeurbanne
Head to Toe, Musée des Beaux-Arts André Malraux, Le Havre
Cosmos, Centre National d'Art Contemporain de Grenoble, France
Christopher Grimes Gallery, Santa Monica

1994

Gaylen Gerber and Joe Scanlan, Nicole Klagsbrun Gallery, New York
Keith Cottingham and Joe Scanlan, Christopher Grimes Gallery, Santa Monica
Galerie Tanja Grunert, Köln / Cologne
The State of Things, Kölner Kunstverein, Köln / Cologne
The Ecstasy of Limitations, Gallery 400, The University of Illinois at Chicago
Guys Who Sew, University Art Museum, Santa Barbara, California
Amenities, Frederick Layton Gallery, Milwaukee Institute of Art and Design
Oppositions and Sister Squares, Fridericianum, Kassel
Optimism, Hirsch Farm Foundation, Hillsboro, Wisconsin

1993

Oppositions and Sister Squares, Wiener Secession, Wien / Vienna
Just what is it that makes today's homes so different, so appealing ?,
Galerie Jennifer Flay, Paris
From the Hand to the Head, the Theoretical Object, Domaine de Kerguéhennec,
Locminé, France
Twelve Artworks in Space, Domaine de Kerguéhennec, Locminé, France
Confessional, Liz Koury Gallery, New York
Under Contract, Randolph Street Gallery, Chicago
Feigen Gallery, Chicago

1992

Documenta IX, Kassel, Germany
I, Myself and Others, Centre National d'Art Contemporain de Grenoble, France
Dead Cat Bounce, Robbin Lockett Gallery, Chicago
Galerie Tanja Grunert, Köln / Cologne

1991

Casual Ceremony, White Columns, New York
Comfort, Christopher Grimes Gallery, Santa Monica, California
Körper und Körper, Grazer Kunstverein, Graz, Austria
Grounded, Betty Rymer Gallery, The School of The Art Institute of Chicago
Improvements ? on the Ordinary, Randolph Street Gallery, Chicago
The Anonymous Museum, Chicago

1990

Stuttering, Stux Gallery, New York
get well soon, Robbin Lockett Gallery, Chicago
Beneath the Skin, Hyde Park Art Center, Chicago
Mark Depman, Robert Feintuch, Joe Scanlan,
Nicole Klagsbrun Gallery, New York

Publikationen des Künstlers /
Publications by the artist

Bücher und Medien /
Books and media

2007
Circular Economy, Commerce 6, DVD with soundtrack, Wellfleet,
Massachusetts: Things That Fall.

2005
www.thingsthatfall.com

2004
Two Views, Herman Mellville's »Bartleby, the Scrivener« and Joe Scanlan's
»The Window Stunt«, Brussels: Bartleby & Co.
The Final Unfettering, Commerce 5, by Jay Chung, Wellfleet,
Massachusetts: Store A.

2003
4166 Sea View Lane, A Reader, Commerce 4, Donelle Woolford, ed., Wellfleet,
Massachusetts: Store A.

2002
DIY or How To Kill Yourself Anywhere in the World for Under $399,
Ghent: Imschoot Uitgevers.

2001
Poststructuralism in Country and Western Music, Commerce 3, CD compilation,
Steve Canal Jones, ed., Brooklyn: Store A.

2000
Shirin Neshat, Photographs and Films, Commerce 2, Brooklyn: Store A.

1999
Nesting Bookcase, the First Decade: 1989–1999, Commerce 1,
edited by Anna Lojecs, Brooklyn: Store A.

Bücher und Zeitschriften /
Books and periodicals

2007
»Please, Eat the Daisies«, *Design as Art*, Alex Coles, ed., Cambridge:
The MIT Press.

2006
»Introducing Donelle Woolford«, *Parabol* 2
(Wien / Vienna: Parabol Magazine): 35–38.
»Pay Dirt Meets Circular Economy, or Greetings, Comrades!«, with Ren Yong,
Hyper Design, exh. cat., Shanghai: The Shanghai Biennial: 272–275.
»The Process of Creative Destruction In Action«, with Joseph Schumpeter,
Aprior 13 (Ghent: vzw Mark/Aprior Magazine): 58–61.
»Smithson pas mort!«, Broken Lines exh. cat., Toulouse: Printemps du
Septembre: 34–37.

2005
»Instruction«, *Do It*, Obrist, Hans-Ulrich, ed., (Frankfurt am Main: Revolver): 318–19.
»Traffic Control«, *Artforum* (Summer): 123.
»Joe Scanlan on Walead Beshty«, *Artforum* (Jan.): 145–6
»Art and Labor: Some Introductory Ideas«, with Jessica Stockholder,
Art Journal (Winter): 50–51.

2004
»Pay Dirt: A Manifesto«, *Newspaper* no. 42, Brussels: Galerie Jan Mot (May): 6-7.
»Artist's Curate: DIY« *Artforum*, (Feb.): 133–139.
Heartways: The Exploits of Genny O, New York: Printed Matter, Inc.

2003
»The Undertaker's Art: A 4-part Television Series« *Pierre Huyghe* exh. cat.,
Dijon: Le Consortium.

2001
»Please, Eat the Daisies«, with Neal Jackson, *Art issues* 66 (January): 26–9.
»Believe You Me: Josiah McElheny«, exh. brochure, Kansas City: Johnson County
Community College Gallery of Art.
»Ambulance Chasing After Culture«, with Chris Gilbert, *By Design: IA01*,
Des Moines, Iowa: Des Moines Art Center.
»Singing Praises: Ed Ruscha«, *Eyestorm.com* (August–October).

2000
»Shards of the Vanity Mirror: The Countess Castiglione and Barbara Kruger«,
Eyestorm.com (December).
»The Undertaker's Art«, *Gagarin* 2 [Wassmunster, Belgium] (October): 16–28.
»Fun's Not Dumb«, *Art issues* 64 (September): 20–22.
»The Ballad of Ed Ruscha«, *The New Now Sounds of Today!* CD, Los Angeles:
Art issues Press.
»What's The Use?«, *Eyestorm.com* (July).
»2000 Whitney Biennial: a haiku«, *Art issues* 63 (May): 41.

1999
»The Ballad of Ed Ruscha«, *Parkett* 55 (June): 60-5.
»DIY: A Scrapbook on Waste Management and Death«,
Waste Management exh. cat., Toronto: The Art Gallery of Ontario: 46–47.

1998
»The Window Stunt«, *Every Day: The 12th Biennale of Sydney* exh. cat.,
Sydney: The Biennale of Sydney: 241–49.
»The Art of Disappearing«, *frieze* (Sept./Oct., no. 42): 54-5.
»Bill Viola«, review, *frieze* (Sept./Oct., no. 42): 90.
»Personal Preference: Dave Hickey's Air Guitar and Paul Lukas' *Inconspicuous
Consumption*«, *Guggenheim Magazine* (Spring, 1998): 4-5.
»Picture: AK 47 Assault Rifle«, *frieze* (Jan./Feb., no. 38): 34-5.
»Josiah McElheny«, review, *frieze* (Jan./Feb., no. 38): 92.
»A Fan's Diary«, *Art issues* (Jan./Feb.): 48.

1997
»Pae White«, review, *frieze* (Oct./Nov.): 89-90.
»Every Man For Himself: Henry Darger«, *frieze* (Summer): 55, 57.
»Brian Tolle«, *frieze* (Mar./Apr.): 85-6.
»A Fine Disregard: Kawasaki's new breed of subway trains«, *frieze* (Jan./Feb.): 27-8.

1996
»Let's Play Prisoners: Video art and human relations«, *frieze* (Sept./Oct.): 60-7.
»Flush: Some Thoughts Around the Work of Philip Reilly«,
catalogue essay in *Philip Reilly* (Göppingen, Germany: Städtische Galerie): 9-16.
»Vija Celmins«, review, *frieze* (Summer): 68-9.
»Ethics of Ambiguity: Ice hockey's new televised surveillance system«,
frieze (May/June): 30-1
»The Shock of the Used: The relevance of Charles and Ray Eames«,
frieze (Jan./Feb.): 30-1.
»No Place Like Home: The Architecture of Bruce Goff«, *frieze* (Jan./Feb.): 46-51.

1995
»Barry Le Va«, review, *frieze* (Nov./Dec.): 68.
»First Action Heroes: The 100th anniversary of cinema«, *frieze* (Sept./Oct.): 37-8.
»Last Action Hero: A. Finkl & Sons, Chicago«, *frieze* (Summer): 7.
»Sarah Whipple«, review, *frieze* (Summer), 71.
»The Snake, The Worm, and Dan Peterman«, catalogue essay in *Nutopi*, Malmö,
Sweden: Rooseum Museum of Contemporary Art: 26-39.
»Alfredo Jaar«, review, *frieze* (May): 66.
»San Quentin Tarantino«, catalogue essay in *Youth Culture Killed My Dog (but I
don't really mind)*, Chicago: Contemporary Arts Council: 35-63.
»Making and Wasting Time, or: A Calendar for Self-employed Agnostics Living
in Seasonal Climates (who follow Astrology)«, *Optimism* catalogue, Northbrook,
Illinois: Hirsch Farm Foundation.
»Niketown, USA: Ten years of Air Jordans«, *frieze* (Jan./Feb.): 11.

1994
»Barnett Newman's Coffee Table«, exhibition handout, New York:
Nicole Klagsbrun Gallery
»Back to Basics and Back Again: Dan Peterman«, *frieze* (Sept./Oct.): 36-9.
»David Hammons: Hometown«, review, *frieze* (May): 54-5.

1993
»Sculpture Chicago: Culture in Action«, *frieze* (Nov./Dec.): 22-7.
»Statement«, *Oppositions and Sister Squares* exh. cat., Wien / Vienna:
Wiener Secession.

1991
»Tomoharu Murikami«, review, *Artscribe* (Sept.): 89.
»Berlin Fax«, *Art issues* (Summer): 9.
»Prominent Neckties: Ed Paschke«, *Artscribe* (Jan./Feb.): 14-5.

1990
»Peter Huttinger«, review, *Artscribe* (Nov./Dec.): 87-8.
»Franz Graf«, review, *Artscribe* (Sept./Oct.): 91.
»Robert Colescott«, review, *Artscribe* (Summer): 83-4.
»Nic Nicosia«, review, *Artscribe* (Summer): 84.
»Haha: 'Murmur'«, review, *Artscribe* (May): 81.
»Mitchell Kane«, review, *Artscribe* (Mar./Apr.): 80-1.
»Peter Saul«, review, *Artscribe* (Jan./Feb.): 82-3.

1989
»Dorothy«, review, *New Art Examiner* (Nov.): 40-1.
»Problems with Reading Rereading«, review, *Artscribe* (Sept./Oct.): 84-5.
»How To:«, *Primer*, self-published, (no. 3).
»Barbara Bloom«, review, *Artscribe* (Mar./Apr.): 84.
»Gerhard Richter«, review, *Dialogue* (Jan./Feb.): 19-20.

1988
»An Autobiography«, *Primer*, self-published (no. 2): 1-35.
»Robert Gober«, review, *Dialogue* (Sept./Oct.): 32-3.
»Kay Rosen«, review, *Dialogue* (Jul./Aug.): 33-4.
»Staging Recollection«, review, *Dialogue* (May/June): 40-41
»Tim Rollins + K.O.S.«, review, *Dialogue* (Mar./Apr.): 32-3.
»Primary Structures«, review, *Dialogue* (Jan./Feb.): 26.
»Primer«, *Primer*, self-published (no. 1).

1987
»Money-Market: Tony Tasset«, review, *Dialogue* (Mar./Apr.): 26.

Publikationen über den Künstler /
Publications on the artist

Monographien /
Monographs

2003

Pay Dirt, Birmingham, England: Ikon Gallery.
Journal #4, Eindhoven, Holland: Van Abbemuseum.

2002

Joe Scanlan: Cut and Place, Brussels: Aprior, Office for Artistic Production.

1999

Nesting Bookcase, The First Decade: 1989–1999, Brooklyn: Store A.

1998

Pay For Your Pleasure (reprise), Chicago: Museum of Contemporary Art.

1996

Joe Scanlan, Museum Haus Lange, Krefeld: Kaiser Wilhelm Museum.

Bücher und Zeitschriften /
Books and periodicals

2007

Design As Art, Alex Coles, ed., Cambridge: The MIT Press.
Kwon, Miwon, »Forpligtelser Forbinder«, *Lettre Internationale* [Copenhagen] (Winter): 25–28.
Beshty, Walead, »Neo Avant-Garde and Service Industry«, *Textezurkunst.de* (http://www.textezurkunst.de/NR59/NEO-AVANTGARDE-AND-SERVICE-INDU-STRY_2.html)

2006

Filipovic, Elena, »Joe Scanlan«, *frieze* 97 (March): 166.
Huyghe, Pierre, et al., *Celebration Park, Vol. 1*, Musée d'Art Moderne de la Ville de Paris, Paris.
Piron, François, et al., *Intouchable, L'idéal Transparence*, Villa Arson, Nice.
Anonymous, »Data Mining: Wallspace«, *Grassfirestorm.com* (http://www.grassfiretransform.com /blog/?cat=10).
Piatetsky-Shapiro, Gregory, »Subject: Data mining art exhibit in New York«, *KDnuggets.com* (http://www.kdnuggets.com/news/2006/n15/7i.html).
Wagner, James, »Data Mining at Wallspace«, *Jameswagner.com* (http://jameswagner.com /mt_archives/005689.html).
Weaver, Catherine, »How To Talk About Art: Re-Framing the Politically Relevant«, *Sugarzine.com* (http://sugarzine.com/site_08.06/art.html).
Lupton, Ellen, »Prosumerism«, *Design-your-life.org* (http://www.design-your-life.org/blog.php?id=696)

Watkins, Jonathan«,Art and Design and Everything Else« et al., *Hyper Design*, Shanghai: The Shanghai Biennial: 62–67.
Bustamante, Jean Marc, et al., *Broken Lines*, Toulouse: Printemps du Septembre: 34–37.
van den Bossche, Phillip, »The Unspeakable Compromise of the Economic Work of Art«, Aprior 13 (Ghent: vzw Mark/Aprior Magazine): 8–25.
Roelstraate, Dieter, »Things That Disappear, Then Reappear Again«, *Aprior* 13 (Ghent: vzw Mark/Aprior Magazine): 26–55.
Bronfen, Elisabeth, et al. *Six Feet Under*, Bern: Kunstmuseum Bern.
Hanft, Adrian, »Why Designers Shouldn't Fear the 'Design it Yourself' Mentality«, *Beadesigngroup.com* (http://www.beadesigngroup.com/blog/archives/2006/06/why_designers_shouldnt_fear_th.shtml)

2005

Ardenne, Paul, »Joe Scanlan«, *Artpress* (September): 86–88.
Demir, Anaid, »Paroles D'Artiste: Joe Scanlan«, *Le Journal des Arts* (July).
Piron, Francois, »Commodify Your Dissent: A Conversation with Joe Scanlan«, Trouble #1: 188–199.
Anonymous, »Brindisi ad alta quota«, *Flashartonline.it* (http://www.flashartonline.it/Archivio/riv_254/news3.htm).

2004

Brouck, Nica, »Kunstenaarsboek slaat gensters«, *De Morgen* (Thursday, July 22).
Laureyns, Jeroen, »Kunstenaars maken Boeken«, *De Tijd* (Wednesday, July 14): 12.
McFadden, Sarah, »Not done!«, *The Bulletin* (August 5,): 18.
Mot, Jan, »Is this place for rent?«, *Newspaper Jan Mot* no. 35, 36 (August): 6-7.
Obrist, Hans-Ulrich, ed., *Do It*, Revolver: Frankfurt am Main.
Smith, Roberta, »Curious Crystals of Unusual Purity«, The New York Times (Friday, July 16).
»I Am The Walrus«, The New York Times (Friday, June 25).
Van der Speeten, Geert, »Lezen in het museum«, De Standaard Trakteert (Wednesday, June 16): 6 –7.

2003

Nobel, Philip, »Sign of the Times«, *Artforum* (January): 104-9.
No Ghost Just a Shell, Köln / Cologne: Buchhandlung Walther König.
Wetterwald, Elisabeth, »Poesie du flux tendu: un Entretien, in Rue Sauvage«, Dijon-Quetigny: les Presses du Réel.
Tanner, Marcia, »No Ghost Just A Shell«, *Stretcher.org* (http://www.stretcher.org/archives/r3_a/2003_02_10_r3_archive.php).
Bard, Elizabeth, »Focus: The Road to Digital Heaven«, *Contemporary-magazine.com* (http://www.contemporary-magazine.com/focus48&47_1.htm).
Anonymous, »Soil Proves 'Anything Can Be Art'«, *BBCnews.co.uk* (http://news.bbc.co.uk/2/hi/uk_news/england/2750879.stm).

2002

Multiples Objets de Désir, exh. cat., Musee des Beaux-Arts de Nantes:
Les Cahiers du Fonds National d'Art Contemporain, France.
O'Brian, Melanie, »Promises: Espousal and Constraint«,
MIX (vol. 27, no.4, Spring): 50-51.
Wetterwald, Elisabeth, critics picks, »Joe Scanlan: Institute d'Art Contemporain«,
Artforum.com (July).
DIY, or How To Kill Yourself Anywhere in the World for Under $399, Umbrella
(vol. 25, no. 3/4, December): 130.
»You're eitheer with us or against us«, *Adbusters: Journal of the Mental
Environment* (January/February).
Coles, Alex, »Art Decor«, *Art Monthly* (February 2002): 7–11.

2001

Knight, Christopher, »The Everyday on a Pedestal«, *The Los Angeles Times*
(Wednesday, January 31): F1, F8.
Frank, Joe & Co., Herford: MARTa Museum of Art and Design.
Fox, Dan, »High, Low and Inbetween«, *frieze* no. 58 (April): 45.
Jones, Steve Canal, »Singing Praises«, *Eyestorm.com* (August).
Scott, Michael, »Gallery lives up to Promises«, *Vancouver Sun* (November 15–21): C4.
Yablonsky, Linda, »Joe Scanlan at D'Amelio Terras«, *Time Out New York* no. 313
(September 27).

2000

Against Design, Philadelphia: Institute of Contemporary Art.
Worthless (Invaluable): The concept of value in contemporary art, M°ARS (vol. XII,
no. 3/4), Ljubljana: Museum of Modern Art Ljubljana.
Dust & Dirt, Gent: Witte Zaal.
Objecthood 00, exh. cat., Athens: Hellenic American Union.
Bonetti, David, »Timely Art on Politics«, *San Francisco Examiner* (November 1).
Helfand, Glen, »Critic's Choice: C2C«, *San Francisco Bay Guardian* (October 4–10).
Lasker, David, »Gallery Space«, *Canadian House & Home* (September): 114-19, 156.
Plagens, Peter, »Against Design«, *Artscope@Newsweek.com* (February 7).
Sozanski, Edward J., »Along the fuzzy boundaries between design and art«,
The Philadelphia Enquirer (Sunday, February 13): A11.
Rice, Robin, »Necessary Objects«, *City Paper* Philadelphia (February 17).

1999

Rewriting Conceptual Art, Jon Bird and Michael Newman, eds.,
»After Conceptual Art: Joe Scanlan's Nesting Bookcases, Duchamp, Design
and the Impossibility of Disappearing«, London: Reaktion Books.
Haus Lange, Haus Esters: 1984/1999, Krefeld: Krefelder Kunstmuseen.
Stuff, Chicago: Contemporary Arts Council.
Waste Management, Toronto: The Art Gallery of Ontario.
Knight, Christopher, »Art Reviews«, *Los Angeles Times* (Friday, October 15): F28.
Richard, Frances, »Joe Scanlan«, *Artforum* (September): 169.
DeBord, Matthew, »Preview: Fall 1999«, *Artforum* (September): 36.

Bil, Laura, »Waste management rules«, *The Varsity* (Tuesday, April 13): 9.
Chu, Ingrid, »A time of waste«, *National Post of Canada* (Thursday, April 8).
Dault, Gary Michael, »Think most modern art is trash? This show's for you«,
Toronto Globe (April 17): C12.

1998

12th Biennale of Sydney, Sydney: The Biennale of Sydney Ltd.
Poussière (dust memories), Bourgogne: FRAC de Bourgogne.
Artner, Alan, »Joe Scanlan's installation is swamped by a host of side issues«,
Chicago Tribune (Friday, February 13, sec. 7): 61.
Barandiarán, Marie José, »Joe Scanlan«, *New Art Examiner* (Apr): 40.
Cotter, Holland, »Humble County, 2 *The New York Times* (Friday, July 10, 1998): E37.
Grabner, Michele, »Joe Scanlan, MCA Chicago«, *frieze* (Summer): 87-8.
McGovern, Brian, »Rembrandt vs. Warhol«, *Chicago Tribune*
(Monday, February 2, sec. 1): editorial page.
Rosenbloom, Steve, »What Price, Art?«, *Chicago Tribune*
(Wednesday, Jan. 21, sec. 4): 1.
Williams, Kevin, »Art, commerce converge in ›Pleasure‹«, *Chicago Sun-Times*
(Friday, Jan. 23): 25, 56.
Yood, James, »Joe Scanlan, MCA Chicago«, *Artforum* (Summer): 138.
Debord, Matthew, »Preview: Winter 1999« *Artforum* (January).
Harris, Jane and Mimi Smith, »Clothing Art: Mimi Smith and the Fabric of Time«,
PAJ: A Journal of Performance and Art (Sept., 1998): 31-37

1997

Niemandsland, Krefeld, Germany: Krefelder Kunstmuseen.
Perceptions nomades/espaces Urbains, Marseilles: Ateliers d'Artistes,
Office de la Culture de Marseille.
Unbuilt Roads: 107 Unrealized Projects
(Ostfildern Ruit: Verlag Gerd Hatje): 91-2.
Gandee, Charles, »Chelsea Passage«, *Vogue* (Apr.): 341.
Mélissent, Céline, »We don't make them anymore«, announcement poster,
FRAC Languedoc-Rousillon.
Spector, Nancy, »Freudian Slips: Dressing the Ambiguous Body«,
in *Art and Fashion*, NewYork: The Solomon R. Guggenheim Museum.

1996

Art in Chicago: 1945-1995, Chicago: The Museum of Contemporary Art, Chicago.
Palmer, Laurie, »Artists Getting Into Gear«, *Dialogue* (Jan./Feb.): 10-1.
Spector, Nancy, curator, »Back to the Future: Utopia Revisited«,
Guggenheim Magazine (Winter): 11-19.

1995

Der Stand der Dinge, Köln / Cologne: Kölnischer Kunstverein.
Cosmos: des Fragments Futur, Grenoble: Le Magasin, Centre National d'Art
Contemporain.
Connors, Thomas, »Youth Culture Killed My Dog (but I don't really mind)«,
New Art Examiner (Sept.,): 41-2.

Wilk, Deborah, »Youth Culture Killed My Dog (but I don't really mind)«,
Flash Art (Summer).
Perrin, Frank, ed., »Magazine as Laboratory«, *Blocnotes* [Paris]
(Winter, no. 8): 40-1.
Troncy, Eric, »Joe Scanlan at Ghislaine Hussenot«, *Flash Art* (May): 119-20.

1994

Guys Who Sew, Santa Barbara: University Art Gallery, University of California.
The Ecstasy of Limits, Chicago: Gallery 400, The University of Illinois at Chicago.
Lambrecht, Luk, »Kunst in huis«, *De Morgen* [Antwerpen] (Sat., May 21).
»Tentoonstelling: Joe Scanlan«, Artefactum [Antwerpen] (Aug., vol. XI, no. 53): 27.
»Joe Scanlan«, *Blocnotes* (Autumn, no. 7): 76.
Levin, Kim, »Choices«, *The Village Voice* (Dec. 27): 8.
Lieberman, Rhonda, »Glamour Wounds: Positively Camp«,
Artforum (Oct.): 10-11.
Pagel, David, »Scanlan's Humble House-and-Garden Works«, *Los Angeles Times*
(Friday, Apr. 1).
Patner, Andrew, »A History of The Renaissance Society: The First Seventy-five
Years«, *New Art Examiner* (Nov.): 18.
Schneider, Christiane, ed. *Sunshine: Jahresring 41*, Jahrbuch für moderne
Kunst, München: Verlag Silke Schreiber, p 226.
Smith, Roberta, »Also of Note: Gaylen Gerber and Joe Scanlan«, *New York Times*
(Fri., Dec. 16): C36.
Tumlir, Jan, »Like Gazing Into a Deep Pool at Night«, *Artweek* [California] (Oct.): 20.
Wilson, William. »›Plane/Structures‹ at Otis: Enriching Work«, *Los Angeles Times*
(Tues., Sept. 19): F2.

1993

Domaine 1993, Locminé, France: Domaine de Kerguehennec.
Oppositions and Sister Squares, Wien / Vienna: Wiener Secession.
Stals, José Lebrero, »Joe Scanlan: Galerie Tanja Grunert«, *Flash Art* (Summer): 120.
Zacharopoulos, Denys, »From the Hand to the Head, the Theoretical Object«,
exhibition brochure, Locminé, France: Domaine de Kerguehennec, 1993.
»The Unknown Magnitude«, 108 *Art Today* [Athens, Greece] (Nov./Dec., 1993):
66-95.

1992

documenta IX, Stuttgart: Edition Cantz and New York: Harry N. Abrams.
Artner, Alan, »Chicago artists strut their stuff«, *Chicago Tribune* (Sun., May 17):
10-11.
»Chicagoans in the Arts«, *Chicago Tribune* (Sun., Dec. 27): 16-7.
Bost, Bernadette, »A vous et à moi«, *Le Monde* [Rhone-Alp edition] (Friday, Oct. 2).
Kimmelman, Michael, »At Documenta, It's Survival of the Loudest«,
The New York Times (Sunday, July 5): 27.
Levin, Kim, »Jan Who? Docu What?«, *Village Voice* (July 14): 95-6.
Nesbitt, Lois E., »Books: The Body«, *Arts Magazine* (Feb.): 95.
Sherlock, Maureen, »Home Economics«, *Arts Magazine* (Feb.): 50-7.

Smith, Roberta, »Art in Review: Casual Ceremony«, *The New York Times* (Friday, Jan. 3).
Vogel, Sabine B., »Chicago: Eine Besichtegung non-kommerzielle Projekte«,
Kunstbulletin (Mar.): 62-6.
»Openings: Joe Scanlan«, *Artforum* (May): 112.

1991

Casual Ceremony, New York: White Columns.
Adcock, Craig, »Pop into Agit-Pop«, *Tema Celeste* (Mar./Apr.): 74-9.
Hixson, Kathryn, »Chicago in Review«, *Arts Magazine* (Apr.): 106-7.
». . . and the object is the body«, New Art Examiner (Oct.): 20-4.
Lieberman, Rhonda, »Stuttering«, *Flash Art* (Mar./Apr.): 137.
Palmer, Laurie, »Joe Scanlan: Robbin Lockett Gallery«, *Artforum* (Summer): 119.

1990

The Morning Stutterer, New York: Stux Gallery.
Barckert, Lynda, »New Humanism«, *Reader* (Friday, May 25): 30-1.
Bulka, Michael, »Art in the Waste-stream«, *New Art Examiner* (Dec.): 28-30.

Photo credits

S. /p.

Ami Barak
23

Walead Beshty
40

Peter Cox
51, 52, 53

Philippe De Gobert
15, 22, 30, 38, 39, 42, 49, 41, 58, 65

Volker Döhne
9, 10, 31, 32, 62

Timothy Flood
21

Eve Fowler
71

Galerie Ghislaine Hussenot
12, 60

Galerie Martin Janda
63, 70, 73

Achim Kukulies
16, 17, 26, 27, 36, 37, 46, 47, 56, 57, 66,
67, 77, 78, 79, 90, 91, 101

Museum MARTa, Herford
cover, 43, 44

Diana Murphy
20

Mamiko Otsubo
33, 63, 70, 72

Jan-Willem Poels
14

Adam Reich
24, 61, 69

Christina Ritchie
13

Joe Scanlan
6, 7, 8, 19, 22, 25, 34, 44, 45, 48, 40, 54,
55, 62, 64, 68, 71, 76, 111

Galerie Micheline Szwajcer
11, 74, 75

Irene Tsatsos
21

Kurt Vanbelleghem
18

Tom van Eynde
Titelseite, 28

Jonathan Watkins
35

Ania Wesek
50, 51

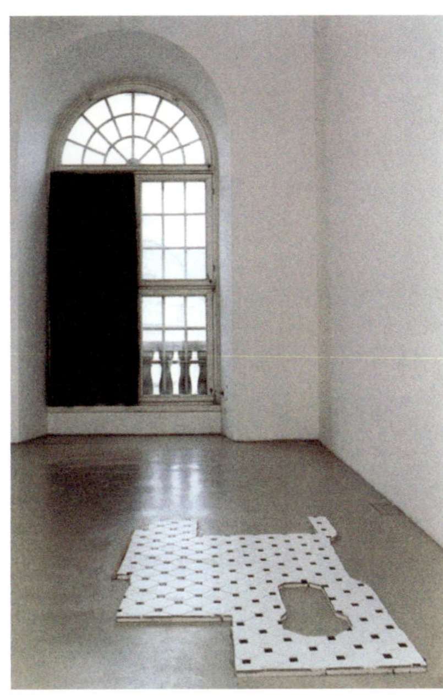

Bathroom Floor, 1991, Keramische Fliesen, Klebstoff, Fugenspachtel, Holzbrett. Ausstellungsansicht, documenta IX, Kassel

Impressum

Diese Publikation erscheint anlässlich des Projektes /
This catalogue is published on the occasion of the project

Joe Scanlan – Passing Through
K21 Kunstsammlung
Nordrhein-Westfalen, Düsseldorf,
12. Mai 2007 – 5. Oktober 2008

Ausstellung / Exhibition

Kurator / Curator
Julian Heynen

Kuratorische Assistenz / Curatorial Assistance
Stefanie Jansen

Entwurf Pavillon / Design pavilion
Joe Scanlan in Zusammenarbeit mit / in collaboration
with Lüderwaldt Verhoff Architekten

Bildung und Kommunikation / Education
Peter Schüller

Konservatorische Betreuung / Conservation
Werner Müller & Team

Registrar
Katharina Nettekoven
Yasmin Limbach

Aufbau und Technik / Technical Support
Bernd Schliephake & Team

Hausinspektor / Facility Manager
Wilfried Kirste

Das Projekt Joe Scanlan – Passing Through
ist entstanden in Kooperation mit
M:AI Museum für Architektur und Ingenieurskunst

Katalog / Catalogue

Herausgeber / Editor
Julian Heynen

Katalog Gestaltung / Design
Anna Wesek

Lektorat / Copy Editing
Stefanie Jansen / Fiona Elliott

Übersetzung / Translation
Julian Heynen

Umschlagabbildung / Cover
Sic Transit Gloria, 2000
Harz-ummantelter Draht, gelbes Papier, Heisskleber
Installation variabel

Frontispitz / Frontispiece
Extended-wear Underwear, 1989
Baumwolle, Gummi, Klettband, Druckknöpfe
80–85 cm Umfang

US Distribution
d.a.p.
Distributed Art Publishers Inc.
155 Sixth Avenue / 2nd Floor
New York 10013.1507 USA
Tel: 001/212/627 1999
Fax: 001/212/627 9484

**Gesamtherstellung und Vertrieb /
Printed and distributed by**
Kerber Verlag, Bielefeld

ISBN 978-3-86678-062-0

Abb. S. 16/17, 26/ 27, 36/ 37, 46/47, 56/57, 66/67, 77
Things That Fall Pavilion, 2007
Kerto-Holz, Stahl, Filz, Gummi, Plexiglas, Farbe
Höhe 300 cm, Installation variabel

Abb. S. 77/78, 90/91, 101
All-Day Cinema, 2007
Holz, Moltontuch, Schrauben, Aluminium
Projektionswand 554 x 1128 cm, Installation variabel

K20K21 Kunstsammlung Nordrhein-Westfalen

Direktor und Vorstand der Stiftung / Director
Armin Zweite

Geschäftsführer / Head of Administration
Otmar Böhmer

K20 Wissenschaftliche Leitungn / K20-Director
Pia Müller-Tamm

K21 Künstlerischer Leiter / K21-Director
Julian Heynen

Bildung und Kommunikation / Education
Julia Breithaupt

Public Relations
Cornelia Heising

Presse / Press
Sven Bergmann

Technischer Leiter / Technical Support
Bernd Schliephake

Restaurierung / Conservation
Werner Müller

Bibliothek / Library
Henry Vauth

Interne Verwaltung / Administration
Susen Kempkes

Shop
Gabriele Lauser

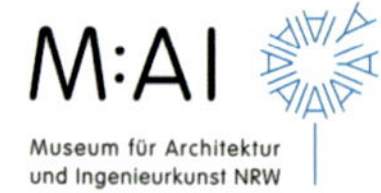